Bernard Haisch: Die verborgene Intelligenz im Universum

Bernard Haisch

Die verborgene Intelligenz im Universum

aus dem Englischen von
Astrid Ogbeiwi

 rotona

Über den Autor

Dr. Bernard Haisch ist Astrophysiker und Verfasser von über hundertdreißig wissenschaftlichen Publikationen. Zehn Jahre lang war er wissenschaftlicher Herausgeber des *Astrophysical Journal*. Nach seiner Promotion an der University of Wisconsin in Madison forschte Haisch als Post-Doktorand am Joint Institute for Laboratory Astrophysics der University of Colorado in Boulder sowie an der Universität Utrecht in den Niederlanden.

Seine berufliche Laufbahn umfasste Positionen am Lockheed Martin Solar and Astrophysics Laboratory, als stellvertretender Direktor des Center for Extreme Ultraviolet Astrophysics an der University of California in Berkeley sowie als Gastwissenschaftler am Max-Planck-Institut für Extraterrestrische Physik in Garching. Er war außerdem Chefredakteur des *Journal of Scientific Exploration*. Vor Beginn seiner wissenschaftlichen Laufbahn besuchte Haisch die Latin School of Indianapolis und das St. Meinrad Seminar als katholischer Priesterkandidat.

Bernard Haisch ist verheiratet und hat drei Kinder. Mit seiner Frau Marsha Sims lebt er in der San Francisco Bay Area.

2. Auflage 2018
© der deutschen Ausgabe
Crotona Verlag GmbH & Co.KG
Kammer 11 • 83123 Amerang
www.crotona.de

Titel der Originalausgabe:
The Purpose-Guided Universe
© The Career Press, Inc., 3 Tice Road, PO Box 687, Franklin Lakes, NJ 07417, USA
© 2010 Bernard Haisch

Umschlaggestaltung: Annette Wagner

Druck: CPI • Birkach
ISBN 978-3-86191-061-9

INHALT

DANKSAGUNGEN

Dieses Buch ist meiner Frau und besten Freundin Marsha Sims sowie meinen Kindern Kate, Taylor und Elizabeth gewidmet. Außerdem Pamela Eakins, Joyce Eakins, Jason Brenneman und ganz besonders dem kleinen James West Brenneman.

Marsha gebührt darüber hinaus Dank für ihre Grafiken, die schwierige, aber unerlässliche Konzepte verständlich machen.

Mein Dank geht auch an Patrick Huyghe, dessen Beiträge zu *Warum Gott nicht würfelt* wesentlich zu dessen Erfolg beigetragen und dadurch zu dem vorliegenden Buch geführt haben.

Meine Anerkennung gilt der humanistischen Bildung, die mir an der Latin School of Indianapolis zuteilwurde und die mich auf ihre Weise schließlich zu diesem Buch gebracht hat. Danke, meine Klassenkameraden an der LSI.

ZUM GELEIT

Sollte es möglich sein, dass hinter dem Universum Sinn und Zweck stecken? Noch dazu solche, die mit der modernen Naturwissenschaft, insbesondere mit dem Urknall und der Evolution vereinbar sind? Ich schlage vor, dass es einen solchen großen Sinn und Zweck gibt und dies tiefgreifende Auswirkungen auf den Sinn unseres Lebens hat.

Vor über dreißig Jahren schrieb der Nobelpreisträger Steven Weinberg in seinem Buch *Die ersten drei Minuten* die berühmten (manche würden sagen berüchtigten) Worte: „Je begreiflicher uns das Universum wird, desto sinnloser erscheint es auch." Dies ist eine sehr düstere Sicht der Dinge. Wenn das Universum sinnlos ist, dann sind wir es wohl auch – nicht gerade eine Perspektive, die das Leben schöner macht. Freude ist im Jammertal nicht vorgesehen. Seither haben sich die Dinge dramatisch verändert. Heute deuten die Indizien auf das genaue Gegenteil hin. Auf den Gebieten der Physik und der Astrophysik sind in den vergangenen zwanzig Jahren zahlreiche Koinzidenzen und Feinabstimmungen zwischen den Naturgesetzen ans Licht gekommen, die insgesamt äußerst unwahrscheinlich erscheinen und erklärungsbedürftig sind. Diese Schlüsseleigenschaften des Universums weisen genau die richtigen Werte auf, damit Leben möglich wird. In Kapitel Drei werden sie näher besprochen.

Um fair zu sein: Man kann diese Koinzidenzen und Feinabstimmungen als eine rein statistische Angelegenheit erklären. Dazu gehört ein Konzept, das als Multiversum bezeichnet wird. Die Vorstellung von einem Multiversum besagt, dass unser anscheinend besonderes Universum nur eines von unzähligen Universen ist, die sich jeweils auf womöglich unvorstellbare Weise voneinander unterscheiden. Es gibt dafür keinerlei Beweise, aber es führt zu einer interessanten Theorie.

Ich schlage vor, eine ebenso – und vielleicht sogar ein klein wenig eher – wahrscheinliche Erklärung ist, dass hinter dem Universum eine bewusste Intelligenz steht und Sinn und Zweck des Universums und unseres menschlichen Lebens sehr eng mit dieser Intelligenz verbunden sind.

Die Intelligenz, die ich vorschlage – und die wir ebenso gut Gott nennen können – hat nichts mit der anti-evolutionären Auffassung vom „Intelligent Design" zu tun. Ganz im Gegenteil, ein Urknall vor 13,7 Milliarden Jahren, eine 4,6 Milliarden Jahre alte Erde und die darwinistische Evolution sind nach der Sichtweise, die ich vorstellen will, wesentliche Bestandteile eines sinnvollen Universums. Dieser Gott braucht Darwin, um seinen Plan auszuführen.

Sir James Jeans und Sir Arthur Eddington waren zwei der bekanntesten und fähigsten Astrophysiker des vergangenen Jahrhunderts. Beide vertraten die Ansicht, Bewusstsein sei wahrscheinlich die Grundlage des Universums. Jeans schrieb in *Der Weltenraum und seine Rätsel*: „Das Weltall sieht allmählich mehr wie ein großer Gedanke als wie eine große Maschine aus." Sogar Max Planck, der Entdecker des Quants, schrieb in *Physikalische Gesetzlichkeit im Lichte neuerer Forschung*: „Es gibt Realitäten, die unabhängig sind von unseren Sinnesempfindungen." Auch außergewöhnliche Erfahrungen einzelner Menschen sowie die Berichte von Mystikern aus allen Zeiten deuten in Richtung eines fundamentalen, allem zugrunde liegenden Bewusstseins. Tatsächlich kommen auch aus der entgegengesetzten Ecke der Physik – aus der mikroskopisch kleinen Welt der Quantenmechanik – zunehmend Hinweise darauf, dass die Auffassung von Bewusstsein als Grundlage der Realität richtig ist.

Bereits 1932 zeigte der Mathematiker John von Neumann, dass die Quantenmechanik Bewusstsein erfordert, wenn sie überhaupt Messergebnisse liefern soll. Die Verbindung zwischen Quantenmechanik und Bewusstsein ist seither die quälende, lästige Leiche im Keller der Physik, bei der man am besten so tut, als spiele sie keine Rolle. Doch neue Experimente haben die Kellertür aufgestoßen. Die Quantentheorie besagt, dass ein Objekt sich erst durch den Akt der Beobachtung, die es als an einem bestimmten Ort befindlich wahrnimmt, an diesem Ort befindet. Dies wurde im Labor bestätigt. Nun bestehen aber wir und unsere Umwelt aus Atomen, die Quantengesetzen unterliegen. Wenn Bewusstsein im Kern der Quantenphysik liegt (und das tut es), dann liegt es damit allem zugrunde.

Neuere Bestseller prangern die Übel der Religion an und behaupten, die Wissenschaft habe erwiesen, dass es keinen Gott gebe. Doch der Missbrauch der Religionen durch den Menschen und die Existenz Gottes sind zwei verschiedene Dinge. Das Problem lautet: Von welchem Gott sprechen wir?

In seiner knappen, furiosen Streitschrift *Brief an ein christliches Land* rast der Gott ablehnende Autor Sam Harris mit Siebenmeilenstiefeln durch die Bibel und findet Beispiel um Beispiel dafür, dass Gott seinen Anhängern Dinge auferlegt, die nur ein soziopathischer, schwer gestörter Despot gebieten würde: Die eigene Braut zu Tode zu steinigen, falls sich herausstellt, dass sie keine Jungfrau mehr ist; oder sogar Frauen und Kinder abzuschlachten, wenn sie zufällig zur falschen Zeit in der falschen Stadt wohnen … sowie selbst unschuldiges Vieh.

„Lasse niemand übrig bleiben", sagt der Gott des Deuteronomiums (5. Mose). Heute würde er wahrscheinlich das Gebot erlassen, die feindliche Stadt zu atomisieren. Wenn dieser Verrückte Gott sein soll, dann zählt mich unter die Ränge der Atheisten; aber ich behaupte mit Zuversicht, dass mich dafür keine Strafe ereilen wird, weil es diesen Gott nämlich nicht gibt. Er ist lediglich das Produkt der dunklen Seite der menschlichen Fantasie (die heute leider in bestimmten Teilen der Welt äußerst lebhaft ist).

Ich schlage ein neues Gotteskonzept vor, das eigentlich schon sehr alt ist. Es ist Bestandteil der *Philosophia perennis*, der ewigen Philosophie, die im Grunde wiederum ein Destillat zentraler religiöser Glaubensinhalte aus allen Zeiten ist. Mein Beitrag besteht darin, sie einer Welt, die ein erhebendes Sinnempfinden dringend benötigt, wieder vor Augen zu führen und sie in den Kontext neuerer wissenschaftlicher Entdeckungen über die außergewöhnlichen Eigenschaften des Universums zu stellen sowie ihr die wissenschaftlichen Beweise dafür zur Seite zu geben, dass Bewusstsein auf der Quantenebene Realität erschafft.

Aldous Huxley unternahm die heroische Großtat, diese mystische Strömung fundamentaler metaphysischer Wahrheiten aus vielen Kulturen und Epochen in seinem Buch *Die ewige Philosophie: Philosohpia perennis* zusammenzustellen und zu vergleichen. Es geht darin um die Beschaffenheit der Wirklichkeit, das Selbst sowie um den Sinn des Daseins. Huxleys Buch wurde von Erwin Schrödinger, einem der Begründer der modernen Physik, sehr gelobt.

Die wichtigsten Grundsätze der ewigen Philosophie lauten:

- Das physische Universum aus Materie ist nicht die einzige Realität. Es existieren weitere, nicht-physische Realitäten, die möglicherweise andere Lebensformen beherbergen. Interessanterweise stimmt dies mit der String-Theorie und der M-Theorie an der Spitze der modernen Physik überein.

- Unser menschliches Wesen hat sowohl eine den Naturgesetzen sowie Geburt und Tod unterworfene materielle
  Seite als auch einen nicht-materiellen unsterblichen Geist
  bzw. eine Seele.
- Alle Menschen verfügen über die Fähigkeit, intuitiv das
  wahre, vielschichtige Wesen des Menschen und der größeren Realität zu erfassen. Leider liegt diese Fähigkeit in
  der modernen Gesellschaft ziemlich brach.

Die allertiefste Wahrheit aber liegt in der Wendung: Du bist das!
„Du" bezieht sich hier auf unser geistiges Wesen, und „das" ist Gott.
Hierin liegt die Lösung des großen Rätsels: Wenn Gott tatsächlich
für die Erschaffung des Universums (im Urknall) verantwortlich
ist – warum um Himmels willen hat er das bloß getan? Die Antwort lautet, so glaube ich: Um die physische Realität in all den unterschiedlichen Arten und Weisen zu erleben, die in einem solchen
Universum möglich sind. Deshalb glaube ich, dass die „genau richtigen" Naturgesetze in Wirklichkeit die manifest gewordenen „genau
richtigen" Ideen Gottes sind, der „große Gedanke", von dem Jeans
spricht.

Eine unendliche Intelligenz stellt eine Sammlung miteinander
kompatibler Ideen zusammen, die dann zu den Naturgesetzen eines
gegebenen Universums werden. Die richtige Kombination führt zu
einem Universum, in dem Leben entstehen und sich weiterentwickeln sowie das Bewusstsein Gottes mithin sein Potenzial erleben
kann. Dies verleiht dem Leben jedes Menschen in der Tat großen
Sinn, nämlich als Inkarnation Gottes in physischer Form Gottes
Selbst-Erfahrung zu erschaffen.

Ich behaupte gewiss nicht, dass bewiesen werden kann, was ich
vorschlage. Es verbleiben ungelöste Rätsel, etwa zu Ursprung und
Natur des Bösen. Freier Wille und Karma spielen dabei sicher eine
Rolle, was jedoch Gottes Pläne anbelangt, so steckt der Teufel im
Detail.

Der Jesuit und Paläontologe Teilhard de Chardin schrieb: „Wir sind gewiss nicht Menschen, die eine spirituelle Erfahrung machen, sondern spirituelle Wesen, die eine Erfahrung als Menschen machen." In Abwandlung dessen würde ich sagen: Wir sind Gott, der eine Erfahrung als Mensch macht. Dieses Buch erklärt, warum dies Sinn ergibt, in keiner Weise im Widerspruch zur Wissenschaft steht und warum es über das Potenzial verfügt, das Bewusstsein des Menschen zu transformieren.

EINFÜHRUNG

Ist die Zeit endlich gekommen, in der die Menschheit ihr Verhalten ändert und ihr Bewusstsein auf eine neue und bessere Stufe hebt? Ist es tatsächlich möglich, dass wir uns mit einer Intelligenz verbinden können, deren Gedanken ein Universum erschaffen haben, das maßgeschneidert ist für das Leben? Angesichts des gegenwärtigen Zustands der Welt mag dies wie eine äußerst naive Fantasievorstellung klingen; dennoch spricht diese Idee viele Menschen an. Millionen Leser kaufen Bücher wie den Superbestseller *Eine neue Erde* von Eckhart Tolle und zahllose weitere, die der Menschheit eine ähnlich hoffnungsvolle Botschaft anbieten.

Es wäre keinen Augenblick zu früh. Im letzten Jahrhundert wurden über hundert Millionen Menschen abgeschlachtet – in Kriegen, bei Völkermorden und gewöhnlichen Verbrechen aller Art, kleinen und großen, bedeutenden oder einfach übersehen. Der Wahnsinn setzt sich bis ins neue Jahrtausend fort. Und als ob die Grausamkeit der Menschen gegeneinander noch nicht genug wäre, stehen wir heute vor den ersten unmissverständlichen Anzeichen einer die gesamte Erde erfassenden Umweltkatastrophe, auf die wir geradewegs zusteuern. Ein radikaler Bewusstseinswandel ist wohl die einzige Hoffnung, die uns bleibt.

Gibt es überhaupt eine Chance, dass dieser Bewusstseinswandel eintritt?

Die Möglichkeit einer solchen Transformation bildet den Kern religiöser Überzeugungen, wenngleich leider meist versteckt oder auf egoistische Weise fehlgedeutet. Ich will keiner bestimmten Religion das Wort reden; denn ich betrachte die meisten organisierten Religionen in ihrem gegenwärtigen Zustand als Teil des Problems und nicht der Lösung. Stattdessen verweise ich auf die Weisheitslehren aus den Tiefen im Grunde aller Religionen, bekannt unter dem Begriff *Philosophia perennis*, berühmt geworden im 18. Jahrhundert durch den genialen Mathematiker Gottfried Wilhelm Leibniz und 1945 als Kompendium veröffentlicht von Aldous Huxley.

Wie die Naturwissenschaft ihre Wahrheiten aus Experiment und sorgfältiger Beobachtung ableitet, leitet die ewige Philosophie ihre Wahrheiten aus der *transzendenten Erfahrung* ab, über die Heilige und Weise, aber auch ganz normale Männer und Frauen aus allen Zeiten sowie unterschiedlichen Religionen und Kulturen berichtet haben. Wenn eine solche Erfahrung eintritt, ist sie so tiefgreifend, dass die wahre Realität, die in diesen Momenten offenbar wird, absolut unbestreitbar und von größerer Gewissheit ist als alles andere Wissen oder frühere religiöse Überzeugungen. Es ist das ultimative Aha-Erlebnis: „Jetzt habe ich es verstanden!" Wieder und wieder zeigen sich dieselben Wahrheiten sowohl im Hinblick auf unser wahres körperliches als auch spirituelles Wesen sowie in unserer Beziehung zu einer allem zugrunde liegenden Intelligenz, die in den verschiedenen Kulturen unterschiedliche Namen trägt, in Wirklichkeit aber ein und dieselbe ist.

Ein sinngeleitetes Universum?

Auf dem Original-Umschlag von *Eine neue Erde* prangt der kühne Untertitel *Awakening to Your Life's Purpose* (Den Sinn deines Lebens erkennen). Darin liegt die Frage: Hat unser Leben einen Sinn? Nicht nur einen anständigen, aber vergänglichen Sinn wie beruflichen Erfolg, eine glückliche Ehe oder sogar Kinder, auf die man stolz sein kann. All dies ist löblich, aber gibt es einen höchsten Sinn, der alle anderen übersteigt? Gibt es einen Sinn, der über das Leben des einzelnen Sterblichen hinausweist? Gibt es einen Sinn, der für alle Menschen gilt und der, wenn er von breiten Kreisen erkannt würde, tatsächlich einen Bewusstseinswandel herbeiführen könnte?

Gestatten Sie mir, diese Frage bis zur höchsten Stufe weiterzudenken: Leben wir in einem sinngeleiteten Universum? Als Astrophysiker weiß ich wohl um die enorme Größe des Raumes und die riesigen Zeiträume, etwa die rund vierzehn Milliarden Jahre seit dem Urknall. Ein Sinn für ein so riesiges „unbelebtes physikalisches System", wie viele meiner Kollegen es bezeichnen würden, erscheint vielen, ja wahrscheinlich den meisten Naturwissenschaftlern als eine himmelschreiende Absurdität. Was könnte das überhaupt bedeuten?

Doch in der Physik und in der Astrophysik werden Entdeckungen gemacht, die auf eine Feinabstimmung der Naturgesetze und Naturkonstanten hindeuten, die insgesamt dem Leben und der Evolution förderlich ist. In der Astrophysik ist dies zum wichtigen Thema geworden, das nicht übersehen oder unter den kosmischen Teppich gekehrt werden kann. Es gibt eigentlich nur zwei Erklärungsmöglichkeiten. Eine davon ist ein sinngeleitetes Universum.

Stellen Sie sich eine Pyramide aus aufeinandergestapelten Basketbällen vor – mit je dreihundert Metern Seitenlänge und dreihundert Metern Höhe. Damit ist sie doppelt so hoch wie die Cheops-Pyramide in Ägypten und ebenso hoch wie ein hundertstöckiger Wolkenkratzer. Für eine solche Pyramide bräuchte man ein Milliarde Basketbälle. Das ist eine große Zahl.

Auf die nächste Milliarde gerundet, leben wir auf einem fünf Milliarden Jahre alten Planeten in einem vierzehn Milliarden Jahre alten Universum. Unsere Sonne ist ein Stern unter etlichen hundert Milliarden in der Milchstraße. Unsere Milchstraße ist eine von etwa hundert Milliarden Galaxien im sichtbaren Universum.

Das sind eine Menge Milliarden.

Wie könnte angesichts eines Gesamtbildes von solch riesigem Maßstab das kurze Leben eines x-beliebigen Mannes oder einer x-beliebigen Frau auf einem versteckten Planeten, das im Durchschnitt vielleicht achtzig Jahre währt, irgendeinen Sinn haben? Dies ist eine Frage, die die meisten Menschen sehr beschäftigt.

So sagte der bekannte Physiker Freeman Dyson in seinem Vortrag anlässlich der Verleihung des Templeton-Preises:

Die größten ungelösten Rätsel sind die Rätsel unserer Existenz als bewusste Wesen in einer kleinen Ecke eines gewaltigen Universums. Warum sind wir hier? Hat das Universum einen Sinn? Woher kommt unser Wissen um Gut und Böse? Diese und hundert ähnliche Rätsel liegen außerhalb der Reichweite der Naturwissenschaft. Sie liegen auf der anderen Seite der Grenze, im Zuständigkeitsbereich der Religion.

Steckt ein Sinn hinter dem Universum? Aus den beiden Lagern der Wissenschaft und der Religion, die sich an gegenüberliegenden Ufern des Lebensstroms niedergelassen haben, kommen darauf zwei diametral entgegengesetzte Antworten. Meiner Ansicht nach ist keine zufriedenstellend. Deshalb schlage ich eine dritte vor. Doch zunächst die beiden entgegengesetzten Ansichten:

Zum einen sind da diejenigen, die an Gott glauben. In den Vereinigten Staaten liegt der Bevölkerungsanteil, der in diese Kategorie fällt, seit Jahrzehnten bei neunzig Prozent. Der Sinn des Lebens ist für die meisten Gläubigen klar. Er besteht darin, sein Leben so zu führen, dass einem zum Lohn dafür der Eintritt in ein immerwährendes Himmelreich gewährt wird. Unter der Herrschaft eines großväterlichen Patriarchen, der wiederum von einer Engelsbürokratie, einem Engelschor und der Legion der Heiligen tatkräftig unterstützt wird, leben dort die Gerechten in ewiger Glückseligkeit. Angesichts der begrenzten Aufmerksamkeitsspanne des Menschen und seiner Neigung, stets das Neueste und Beste haben zu wollen, kann man sich kaum vorstellen, wie das Geschäft mit dem ewigen Himmel seine Kundschaft über die gesamte Zeitspanne hinweg, nämlich für immer, zufriedenstellen will. Es steht zu befürchten, dass die Ewigkeit langweilig werden könnte. Gleichwohl, dies ist der Lohn, und er ist allemal besser als das Leben hier unten – von der Sache mit der Ewigkeit einmal abgesehen.

Man sollte allerdings vorsichtig sein, denn dieser Ansicht nach hat man die Chance auf ein Leben nur einmal. Angesichts der enormen Ungleichheit von Lebensumständen und Einflüssen erscheint es nicht fair, dass man es mit einem einzigen Versuch gleich für alle Ewigkeit richten soll. Ich behaupte sogar, dass es mit großer Sicherheit unfair ist. Dies ist einer der Gründe, warum ich eine plausiblere und humanere Alternative vorschlage.

Auf der anderen Seite stehen die säkularen Humanisten. Damit sind Menschen gemeint, die die Vorstellung von einem Gott ablehnen und verwerfen und die über einen vorgegaukelten Sinn, wie etwa in den Himmel zu kommen, nur spotten. Leider ist das, was sie im Hinblick auf den Sinn des Lebens stattdessen zu bieten haben, ziemlich begrenzt.

Der englische Dichter Francis Thompson schrieb: „Ein Atheist ist ein Mensch, der glaubt, er sei ein unglücklicher Zufall." Das schränkt die Optionen für eine Antwort auf die Frage nach dem Sinn des Lebens beträchtlich ein. Leben bloß um des Lebens willen ist eine riskante Philosophie, die logischerweise zu keinem höheren Ziel führt, als hier und jetzt größtmöglichen Wohlstand und maximales Vergnügen zu erlangen. Einige Vertreter dieses Lagers gelangen tatsächlich zu diesem Schluss. Zum Glück verfügen die meisten jedoch über nicht weniger Altruismus als die Gläubigen – vielleicht sogar über mehr, weil gute Taten im Diesseits nicht mit der Erwartung auf einen Lohn im Jenseits verknüpft sind. Das Problem ist, dass dieser Ansicht nach jeder Sinn letztendlich vorübergehend ist. Denken Sie an Weinbergs Satz: „Je begreiflicher uns das Universum wird, desto sinnloser erscheint es auch." Leider wäre dies auch auf jeden einzelnen Menschen zu übertragen.

Der Sinn, den das Leben meiner Überlegung nach hat, ist ein großer, und ich denke, sogar ein logischer. Wir sind die Mittel, durch die Gott sein Potenzial erfährt, und deshalb hat das Universum die lebensfördernden Eigenschaften, die es nun einmal hat. Wenn man eine Parallele zwischen Gott und einem großen Leuchtfeuer ziehen will, dann sind wir Kerzen, deren winzige Flamme dasselbe Feuer ist. Wir sind Funken Gottes, die in einem physischen Universum aus Materie und Energie existieren, in dem wir etwas erleben oder auf die Beine stellen können, in dem wir leben, lieben, Berge ersteigen oder Skipisten abfahren, Opern oder Rockkonzerte besuchen können – was immer Ihnen lieber ist. Die Abenteuer, die wir im wahrsten Sinne des Wortes ausleben, waren zuvor lediglich als Möglichkeiten in der unendlichen Intelligenz, die Gott vor der Erschaffung des Universums ist, angelegt. Sie können sich das Universum als die Gedanken Gottes vorstellen, als seine Tagträume. Wenn die richtige Gedankenkombination die Grundlage, die Naturgesetze, bildet, dann wird ein Universum möglich, das Leben beherbergt. Gott macht sich dann innerlich reicher, indem er durch alle Lebensformen lebt, die das Universum hervorbringen kann – uns eingeschlossen.

Warum sollte sich Gott nicht durch unsere Begeisterung als Fans an der Bundesliga oder am Europacup oder an der Weltmeisterschaft erfreuen? Natürlich muss man sich dazu erst einmal ein Universum erträumen. Gott kann so etwas.

Nach dieser Ansicht ist der Himmel kein Ort, vielmehr ist er der Zustand der Wiedervereinigung mit Gott, von dem sich unser Bewusstsein vorübergehend und absichtlich gelöst hat, um die physische Existenz mit all ihrem Reichtum zu ermöglichen. Der Sinn des Lebens besteht darin, dass Gott dadurch sein Potenzial in die Realität umsetzen kann. Dies beschränkt sich selbstverständlich nicht auf die menschliche Erfahrung. Dieser Ansicht nach sucht Gott die Erfahrung aller Lebewesen auf Erden und überall dort, wo es sonst noch Leben geben mag – wie immer dieses aussehen mag.

Der Kabbala-Experte Daniel Matt schreibt in seinem Buch *God and the Big Bang*:

Im Anfang war nur Existenz – nur Eines ohne ein Zweites. Es, das Eine, dachte bei sich: ‚Ich will viele sein, ich will auswachsen.' So trat Es aus sich heraus in jedes Wesen ein. Alles, was ist, hat allein sich. Es ist die feinstoffliche Essenz in allen Dingen. Es ist die Wahrheit. Es ist das Selbst. Und du bist das.

Oder aus einer wesentlich älteren indischen Schrift, die Matt zitiert:

Als Schöpfung nahm Er Gestalt an. Er allein ist es, der in die Welt hineingeboren wurde. Er lebt als alle Wesen; überall ist nur Er.

Der Unterschied zum Intelligent Design

Eines möchte ich klar zum Ausdruck bringen: Dies hat überhaupt nichts mit dem sogenannten *Intelligent Design* zu tun. Nach der Ansicht, die ich vertrete, ist *die darwinistische Evolution zur Erfüllung von Gottes Plan unabdingbar.* Die Unvorhersehbarkeit und Neuartigkeit, die die Evolution ermöglicht, ist absolut notwendig; andernfalls wäre das Dasein ein vorherbestimmtes Marionettentheater. Den besonderen Charakter des Universums – ein Thema, das in der Astrophysik in den Vordergrund gerückt ist – und dessen Ursprung im Urknall schreibe ich einer unendlichen Intelligenz zu und nicht dem detaillierten Austüfteln von Lebensformen. Es ist doch eine wesentlich beeindruckendere Meisterleistung der Intelligenz, wenn sie einige grundlegende Gesetze erträumt, durch die ein Universum entsteht, in dem sich Leben entwickeln kann, als wenn sie in ihrer Werkstatt an Entwürfen für Geschöpfe wie dem Nikolaus herumbastelte.

Man kann sich fragen, inwiefern diese Sicht des Menschen – und aller anderen Lebensformen – als Erweiterung Gottes sich mit unserem Gefühl der Trennung von Gott deckt. Noch problematischer ist vielleicht die Existenz des Bösen. Es ist ganz offensichtlich, dass es auf der Erde ein paar richtig miese Charaktere gegeben hat und gibt: Despoten, Gangster und andere, die sich um niemanden scheren außer um sich selbst. Wie können sie Gott in Menschengestalt sein? So etwas wie den Holocaust kann man nicht einfach vom Tisch wischen.

Die Antwort liegt meiner Auffassung nach darin, dass wir mit dem freien Willen und mit einer Amnesie hinsichtlich unserer wahren Natur als spirituelle Wesen in dieses Leben hineingeboren werden. Wenn die Lebenserfahrung möglichst reichhaltig und ursprünglich sein soll, dann muss die Ankunft auf der Erde ein Neustart sein. Wir treten ohne jede Erinnerung an unsere Existenz vor der Geburt oder mögliche frühere Leben in das physische Leben ein. Wir erlangen ein Ich, das uns ausschließlich als den Körper begreift, den wir momentan bewohnen, getrennt von anderen, getrennt von Gott. In Verbindung mit unserem freien Willen zu leben, wie wir wollen, bietet ständig die Möglichkeit, dass einige Menschen sich dem Bösen zuwenden. Der freie Wille kann ein geladenes Gewehr sein.

Manche Menschen behaupten, zumindest kurze Einblicke in frühere Leben zu haben. Solchen Behauptungen sollte man stets mit gesunder Skepsis begegnen – wobei *gesund* eine aufgeschlossene Bereitschaft zur Überprüfung der Indizien bedeutet, nicht bloßes Spotten. So manches ist wahrscheinlich ein Auswuchs der Fantasie, doch anekdotische Indizien untermauern die Vorstellung, dass unsere spirituelle und physische Historie über ein einziges Leben hinausreicht. Das Lebenswerk von Professor Ian Stevenson, Psychiater an der University of Virginia, liefert forensische Beweise für die Gedächtnisinhalte von Kindern, die sich an ein früheres Leben erinnern. Seine zahlreichen, mit äußerster Sorgfalt und Genauigkeit verfassten Bücher sind sehr aufschlussreich und veranlassten sogar Carl Sagan in seinem Buch *Der Drache in meiner Garage oder die Kunst der Wissenschaft, Unsinn zu entlarven* zu der Bemerkung, diese Indizien seien einer näheren Betrachtung wert.

Dass die Vorstellung von mehreren Leben den Menschen in der westlichen Gesellschaft unsinnig vorkommt, ist in erster Linie eine kulturelle Konditionierung. Dabei wäre sie sicher eine vernünftige Grundlage, auf der verständlich würde, wie Mozart schon mit vier Jahren fehlerlos Menuette spielen und mit acht eine vollständige Sinfonie schreiben konnte: Vermutlich war dies nicht sein erstes Leben als Musiker.

Falls die Vorstellung von mehr als einem Leben Sie überfordert, stellen Sie sie vorerst zurück. Aber man darf fragen: *Ergibt die Idee, im Leben nur einen Versuch frei zu haben – vielleicht unter guten, vielleicht aber auch unter schlechten Umständen – und daraufhin ewigen Lohn oder ewige Strafe zu erhalten, tatsächlich mehr Sinn? Wie könnte ein solches System zu einem gerechten und fairen Gott passen?*

Zurück zur Frage nach dem Bösen. Wenn wir an einen Gott glauben sollen, dann hätten wir es doch gewiss gerne, dass er – oder sie – außer allmächtig und allwissend auch noch gütig und barmherzig ist. Wie kann er oder sie dann die Grausamkeit zulassen, die manche Menschen anderen (auch Tieren) antun und dennoch unsere Hochachtung als freundlicher und liebender Gott verdienen?

Hier schlage ich vor – wobei diese Idee ursprünglich gar nicht von mir stammt – dass Gott sich absichtlich aus dem Spiel heraushält, damit die Entscheidungsfreiheit genau die neuen und originellen Erfahrungen erzeugen kann, die das Universum ermöglicht und die Gott durch uns sucht. Damit meine ich nicht, dass Gott für uns unzugänglich ist, sondern dass er nicht in den Evolutionsprozess und die natürlichen Abläufe eingreift. Wenn wir tatsächlich Funken Gottes sind, dann können wir durch Gebet oder Meditation oder einfach durch das Gespräch mit einem unsichtbaren Freund eine Beziehung zu ihm unterhalten. In schöpferischer Zusammenarbeit mit Gott können wir bis zu einem gewissen Grad unsere heutige Wirklichkeit und unsere Zukunft gestalten. Wir können natürlich nicht jede beliebige Realität erschaffen, die uns in den Sinn kommt, doch die Macht unserer Absicht, den Ereignissen in unserem Leben Gestalt zu verleihen, ist nicht von der Hand zu weisen. Was aber göttliche Eingriffe in das Alltagsgetriebe der Welt anbelangt – da lässt Gott die Natur und die Evolution frei walten. Schließlich ist die ungeplante Neuartigkeit, die dabei herauskommt, gerade das Ziel.

In seinem Buch *God After Darwin* führt der Harvard-Theologe John Haught überzeugende Argumente dafür an, dass die darwinistische Evolution für die Entstehung neuer, autonomer und unvorhergesehener Lebensformen eine Notwendigkeit ist. Wenn die Evolution funktionieren soll, dann erfordert dies, dass Gott freiwillig die Kontrolle abgibt und seine Allmacht aus der Arena des Lebens heraushält. Ich würde behaupten, dass auch das Zulassen des Bösen als eine zwar nicht wünschenswerte, vielleicht aber unausweichliche Konsequenz des freien Willens eine bedauerliche Notwendigkeit ist.

Vielleicht sind ja wir, die wir uns für das Erdenleben entschieden haben, die zähen, abenteuerlustigen Seelen, die bereit sind, das Risiko einzugehen und in eine Umgebung zu kommen, in der das Böse existiert und in der es uns manchmal sogar beherrscht und bedroht. Vielleicht ist dies der Weg des Kriegers zur spirituellen Evolution. Ich stelle mir das auf jeden Fall gerne so vor.

Das ist freilich kein Freifahrtschein für das Böse. Meiner Ansicht nach hat alles, was wir tun, Konsequenzen, und diese Konsequenzen reichen mit großer Sicherheit über ein Leben hinaus.

Ich gebe nicht vor zu wissen, was mit einem Ungeheuer wie Hitler oder mit einem Gräueltäter wie Stalin geschieht oder geschehen ist, die für Millionen Tote und unsägliches Leid verantwortlich sind, oder was die gestörten Selbstmordattentäter erwartet, die heute Krieg gegen die Zivilisation führen. Wahrscheinlich wird es viele Leben der Sühne und Wiedergutmachung erfordern. Emotional wünsche ich mir zwar, dass sie für jedes Menschenleben, dem sie Leid zugefügt haben, ein elendes Dasein als Kakerlake oder Nacktschnecke fristen müssen, tatsächlich jedoch denke ich nicht, dass eine solche Regression möglich ist. Meiner Ansicht nach kehren wir auf derselben Ebene ins Leben zurück, also als Menschen, oder wir entwickeln uns weiter. Womöglich gibt es ja im Weltraum wundersame fortgeschrittene Zivilisationen, und wenn wir uns auf das entsprechende Niveau weiterentwickelt haben, verdienen wir vielleicht eines Tages, in sie hineingeboren zu werden. Ein ruhiger, rationaler Ort wie Mr. Spocks „Vulkan" würde mir gefallen. Ich bin eher nicht der Klingonen-Typ. Aber dies alles ist natürlich reine Spekulation.

Ungeachtet des genauen Ablaufes vertrete ich die Auffassung, dass das Böse seine gerechte Strafe ereilt – nicht durch direktes Eingreifen eines richtenden Gottes, sondern durch einen systemimmanenten karmischen Ausgleich. Ich sehe Karma als eine Art spirituellen Erhaltungssatz, wobei die kosmischen Ausgleichs- und Wiedergutmachungsregeln vielleicht so autonom wirken wie die Schwerkraft hier auf der Erde. Das Universum hat noch viele Milliarden Jahre vor sich. Ich behaupte, dass damit reichlich Zeit bleibt, so dass selbst die schlimmsten Übeltäter für ihre Verfehlungen effektiv bestraft werden und Wiedergutmachung leisten können. Für die Allerschlimmsten könnte dies verdientermaßen ein äußerst unangenehmes Schicksal sein.

Drei verschiedene Möglichkeiten

Aber warum sollte man so etwas überhaupt ernst nehmen? Ist es nicht bloß Wunschdenken, dass das Universum und unser Leben einen Sinn haben? Was wir Menschen uns nicht so alles einbilden! Unsere Selbstgefälligkeit nicht zu vergessen. Funken Gottes, man denke nur! Pah, Humbug. Wo sind die Beweise?

Im Laufe der letzten rund zwanzig Jahre sind in der Astrophysik einige bemerkenswerte Entdeckungen gemacht worden. Es gibt zahlreiche Naturgesetze und Naturkonstanten, die in Kapitel Drei im Einzelnen besprochen werden und deren Eigenschaften und Werte nach allem, was wir wissen, auch vollkommen anders sein könnten. Stattdessen aber sind sie alle so fein aufeinander abgestimmt, dass Leben möglich wird. Diese zufällige Feinabstimmung ist unbestritten. Sie ist ein bekanntes „Problem" in der Astrophysik, das einer Erklärung bedarf. Da überrascht es nicht, dass prominente Vertreter der konventionellen Wissenschaft Bücher darüber schreiben.

Es gibt drei Möglichkeiten einer konventionellen oder unkonventionellen Erklärung dieser Feinabstimmung:

1. Es ist lediglich ein glücklicher Zufall, dass die Gesetze und Konstanten so sind, wie sie sind. Weil wir selbstverständlich andernfalls nicht hier sein könnten, ist dieser Teil des Rätsels gelöst. Warum das Universum aber überhaupt diese Eigenschaften hat, das müssen wir einfach als gegeben hinnehmen, es ist ein Glückstreffer.
2. Es ist eine Frage der Statistik. Es gibt alle möglichen Uni-

versen mit den unterschiedlichsten Gesetzen und Konstanten. Möglicherweise gibt es sogar eine unendliche Anzahl weiterer Universen. Alle diese hypothetischen Universen zusammengenommen werden als Multiversum bezeichnet. Doch dies ist nur ein zweckdienliches Etikett. Niemand weiß, welche Universen ein Multiversum enthalten könnte, alles ist reine Theorie, es gibt keine Beweise. Nach der Multiversums-Erklärung leben wir in einem „genau richtigen" Universum, weil wir in einem anderen nicht existieren könnten. In ihrem Eifer, eine konventionelle Erklärung für unsere „genau richtigen" Bedingungen zu finden, gehen manche sogar so weit, unsere Existenz als Beweis dafür zu betrachten, dass es ein Multiversum der Universen geben muss.

3. Es ist eine Frage der Intelligenz. Die Gesetze und Konstanten wurden mit einer bestimmten Absicht so festgelegt: Es sollten sich Lebensformen aller Art entwickeln können und dadurch der dahinterstehenden Intelligenz die Möglichkeit geben, ihr kreatives Potenzial in einer gigantischen Vielfalt von Geschöpfen zu erleben – uns eingeschlossen.

Möglichkeit Eins lässt sich nicht weiter erforschen. Sie könnte zutreffen, erweist sich für eine nähere Untersuchung jedoch als Sackgasse.

Möglichkeit Zwei ist recht logisch und mit dem naturwissenschaftlichen Denken offensichtlich vereinbar. Auf sie stößt man in den konventionellen populär-wissenschaftlichen Sachbüchern. Das Problem ist, dass man von der Hypothese einer riesigen, vielleicht unendlichen Anzahl weiterer Universen ausgehen muss. Diese hypothetischen Universen werden wir aber nie entdecken können, weil ihre Naturgesetze anders und daher mit unseren nicht kompatibel sind. Dies ist Voraussetzung, damit das statistische Argument greifen kann. Man braucht eine riesige, womöglich unendliche Stichprobe.

Wenn die Stichprobe nur groß genug ist, wird die unwahrscheinliche Möglichkeit – ein Universum mit genau den richtigen Bedingungen für seine Bewohnbarkeit – unvermeidlich. Statistik ist etwas Wunderbares.

Die Anzahl der Universen, die notwendig sind, damit die Statistik stimmt, ist allerdings riesig. In seinem Buch *The Cosmic Landscape* spricht Leonard Susskind, Physiker in Stanford und Vater der String-Theorie, von zehn hoch fünfhundert (10^{500}) erforderlichen weiteren Universen. Dies ist eine Eins mit fünfhundert Nullen. Im Vergleich dazu ist die Gesamtzahl der Atome im Universum verschwindend gering (nur eine Eins mit rund achtzig Nullen). Eine solche Vielzahl weiterer unsichtbarer Universen erfordert schon einige Glaubensstärke. Für mich ist diese Behauptung deutlich gewagter als eine hinter allem stehende Intelligenz. Das zweite Problem dieser Möglichkeit ist ihre Verursachung. Man könnte argumentieren, Quantengesetze hätten irgendwie zu starken Fluktuationen geführt, aus denen wiederum eine Vielzahl von Universen hervorgegangen sei. Dies habe auch unseres in Gang gesetzt. Wenn dem tatsächlich so ist, dann müssen aber bestimmte Quantengesetze präexistiert haben. Schließlich gilt: Ohne Gesetze keine Fluktuationen. Allem Anschein nach kommt man einfach nicht um einen Beginn mit etwas herum, das „ist". Fragen Sie aber bloß nicht, warum es ist oder wie es entstand.

Möglichkeit Drei ist ebenso logisch wie Möglichkeit Zwei. In diesem Fall steht hinter dem Anfang unseres Universums eine Intelligenz. Tatsache ist, dass es eine rationale Entscheidung zwischen diesen beiden Varianten nicht gibt. Ich würde aber behaupten, dass die Erfahrungen der Menschheit aus mystischer Versenkung und Gebet, die es zu allen Zeiten gegeben hat, zwar keine Beweise, aber doch Indizien dafür liefern, dass diese Möglichkeit die bessere Wahl sein könnte. Dieser Ansicht nach präexistiert eine transzendente Intelligenz außerhalb von Raum und Zeit.

Wer oder was hat die Urgesetze erschaffen?

Wer oder was hat die Intelligenz erschaffen?

Niemand – denn falls doch, sind wir schlicht nicht weit genug zurückgegangen und müssen daher tiefer graben. Der Punkt ist: Entweder man akzeptiert etwas als – nach aristotelischer Logik – unverursachte Ursache oder man verfängt sich in einem unendlichen Regress. Dies gilt unabhängig davon, ob Quantengesetze oder Gott am Ursprung aller Dinge stehen. Hinsichtlich ihrer Eigenschaft als Ursache sind Quantengesetze einer Intelligenz nicht überlegen.

Doch es gilt, mehr zu bedenken. Eine weitere Entdeckung deutet zumindest indirekt darauf hin, dass dem Universum eine Intelligenz zugrunde liegt. Die Geschichte dieser Entdeckung geht auf einen Versuch von Einstein und zwei seiner Kollegen aus dem Jahr 1935 zurück, mit dem sie eine der bedeutendsten Konsequenzen der Quantenmechanik widerlegen wollten – die *Heisenbergsche Unschärferelation*. Einstein glaubte, die Quantentheorie, einschließlich der Unschärferelation, erfordere eine „spukhafte Fernwirkung", wie er es nannte. Damit meinte er, dass voneinander entfernte Objekte direkten Einfluss aufeinander ausüben können, der nicht durch Lichtgeschwindigkeit begrenzt ist. Einstein hielt dies für absurd. Es verstößt gegen die Gesetze der Speziellen Relativitätstheorie. Aus diesem Grund konnte Einstein die Quantenmechanik nicht akzeptieren.

Doch es sollte annähernd fünfzig Jahre dauern, bis Einsteins Versuch, die Quantenmechanik zu widerlegen, lange nach seinem Tod selbst widerlegt wurde. Spukhafte Fernwirkung gehört zur Quantentheorie und deutet auf eine grundlegende Rolle des Bewusstseins hin.

Das Experiment, das bewies, dass Einstein sich irrte, war eine Messung der sogenannten *Bellschen Ungleichung*, die in Kapitel Acht näher besprochen wird. Die Bellsche Ungleichung beschäftigt sich mit der Frage, ob bestimmte Quanteneigenschaften vor der Messung selbstständig existieren oder ob diese Eigenschaften erst durch die Messung erzeugt werden. Das erste Experiment zur Bellschen Ungleichung fand 1982 statt. In ihrem Buch *Quantum Enigma: Physics*

Encounters Consciousness stellen die Physiker Bruce Rosenblum und Fred Kuttner fest:

> Infolge des Bellschen Theorems und der dadurch angeregten Experimente wurde eine einstmals „rein philosophische" Frage nun im Labor beantwortet. Es gibt eine universelle Vernetzung. Einsteins „spukhafte Wechselwirkungen" existieren tatsächlich. Alle Objekte, die einmal miteinander wechselgewirkt haben, beeinflussen sich auch weiterhin instantan. Ereignisse in der hintersten Ecke der Galaxie wirken sich darauf aus, was in der hintersten Ecke unseres Gartens geschieht. In einer normal komplexen Situation sind diese Ereignisse zwar absolut nicht zu entdecken, doch in Industrielaboren wird man jetzt darauf aufmerksam, weil sie auch fantastisch leistungsstarke Computer ermöglichen.

Im Jahr 2007 ging aus dem Physiklabor ein noch tiefer reichendes Ergebnis hervor. In dem bekannten Quantenoptik-Labor der Universität Wien wurde eine neue und sogar noch radikalere Version der Bellschen Ungleichung durchgeführt und in der wissenschaftlichen Zeitschrift *Nature* veröffentlicht. Dieses Experiment wies nach, dass nicht einmal „spukhafte Fernwirkung" die neuen Beobachtungen ausreichend erklären konnte. Auch der „lokale Realismus" musste geopfert werden. Lokaler Realismus ist die Annahme, dass alle Objekte für eine Messung über präexistente Werte verfügen müssen, und zwar *bevor* die Messung vorgenommen wird. Dies erwies sich als falsch. Stellen Sie sich vor, Sie werfen einen Blick auf ein Thermometer und stellen fest, dass draußen zweiundzwanzig Grad herrschen. Natürlich gehen wir davon aus, dass es bereits zweiundzwanzig Grad hatte, bevor wir aufs Thermometer geschaut haben, doch auf der Quantenebene ist dem nicht so. Der Vorgang des Messens erschafft die Realität. Mit anderen Worten und wie die wissenschaftliche Wochenzeitschrift *New Scientist* berichtet: „Es gibt keine von Messungen unabhängige Realität. … Statt sie passiv zu beobachten, erschaffen wir in Wirklichkeit die Realität."

Der – nun anscheinend widerlegte – lokale Realismus behauptete, alles, was wir bei einem Gegenstand messen, sei von vornherein da gewesen, selbst wenn wir es bis zur Durchführung der Messung nicht bemerkt hätten. Greifen wir zu einer Analogie: Wir haben einen Apfel aufgeschnitten und festgestellt, dass er zehn Kerne enthält. Waren sie schon die ganze Zeit über vorhanden? Der lokale Realismus sagt Ja. Das Quantenexperiment sagt Nein. Der Akt des Apfelaufschneidens hat dazu geführt, dass darin zehn Kerne erschienen sind. (Natürlich kommt so etwas bei Äpfeln eigentlich nicht vor. Wir sprechen hier von der Sorte Quanten-Golden-Delicious.)

Wenn nun also der lokale Realismus verworfen worden ist, erschafft dann Bewusstsein Realität? Durch die neuesten Entdeckungen hat sich diese Frage aus der Welt der Philosophie ins Quantenphysik-Labor verschoben. Die praktisch unausweichliche Schlussfolgerung lautet nun, dass Bewusstsein tatsächlich Realität erschafft. Wenn dem so ist, dann wird damit die Ansicht, Bewusstsein sei lediglich ein Epiphänomen des Gehirns, weitaus weniger plausibel. Bewusstsein muss etwas Größeres sein als eine durch die Gehirnchemie erzeugte mentale Illusion. Bewusstsein ist das Primäre.

Ich behaupte, das Bewusstsein, das im Physiklabor Realität erschafft, und das Bewusstsein, das die Realität unseres Lebens erschafft, sind Reflexionen eines transzendenten Bewusstseins, aus dem das Universum hervorgegangen ist. Ganz gewiss behaupte ich nicht, dass wir nun Gott im Physiklabor gefunden haben. Aber wir haben jetzt verräterische Anzeichen, die in diese Richtung deuten.

WISSENSCHAFT UND RELIGION

Sind Naturwissenschaft und organisierte Religion miteinander in Einklang zu bringen? Ich würde sagen, die Antwort lautet Nein. Religionen sind im Allgemeinen rigide Institutionen mit einem eigenen Regelwerk hinsichtlich Richtig und Falsch. Organisierte Religionen sind mit unternehmerischer Macht und einer gewinnorientierten Struktur verbunden. Daneben gibt es eine feststehende und zuweilen sehr eigenwillige Besetzung aus lauter jenseitigen Gestalten, die von nur einem – Gott allein – bis zu Tausenden niederer Götter, Engel, Dämonen, Heiligen und weiteren Wesen reichen kann und zu der fast immer auch jener üble Bösewicht gehört, der die Gemeinde in Versuchung führt und quält – der Teufel. Es können verwirrend viele sein.

Was Gott sowie Natur und Bestimmung des Menschen anbelangt, gibt es zwischen den verschiedenen Religionen unverkennbar gravierende Widersprüche. Wie löst man das Problem, dass eine Religion das eine und eine andere das genaue Gegenteil sagt? Leider versagt da jede Logik.

Es gibt allerdings ein paar wenige Religionen, die praktisch dog- men- und teufelsfrei sowie so wohlwollend sind, dass ein redliches skeptisches Wissenschaftsgenie ihre Gottesdienste besuchen, sich ein wenig sonntagmorgendliche Erbauung holen und sogar einen bescheidenen Betrag in die Kollekte legen kann, ohne auch nur im Geringsten Gewissensbisse zu bekommen. In diese Kategorie wür- de ich zum Beispiel die Unity Church aus der Neugeist-Bewegung einordnen. Bereits der Name zeigt, warum eine solche Kirche kaum oder gar nicht im Konflikt mit der Wissenschaft steht: Sie basiert auf der Auffassung, das Beste aus verschiedenen Glaubensrichtungen aufgeschlossen miteinander zu verbinden, statt die alleinige Wahr- heit für sich zu beanspruchen. Die meisten Religionen gehen mit der Anforderung, an bestimmte Dinge zu glauben, wesentlich pingeliger um, was unweigerlich dazu führt, dass sie zu ähnlich streitbaren Be- hauptungen anderer Religionen im Widerspruch stehen.

Leider gibt es am äußersten Rand auch Religionen, die in grobem Widerspruch zu gesundem, zivilisiertem Verhalten stehen und Zweifel an der Zukunft der Menschheit aufkommen lassen. Eine Religion, die behauptet, es gäbe einen Gott, der einen im Himmel dafür belohnt, dass man hier auf Erden andere Menschen in Flammen aufgehen lässt, ist nicht bloß gestört und krank, sie ist eine Bedrohung für die Zivilisation. In diesem Fall steht eine Vereinbarkeit völlig außer Frage.

Doch die Vereinbarkeit von Wissenschaft und Spiritualität ist etwas ganz anderes. Sie ist nicht nur möglich; sie ist entscheidend.

In diesem Buch – und in meinem vorangegangenen Werk *Wa- rum Gott nicht würfelt* – schlage ich ein Gotteskonzept vor, das aus meiner Sicht als Astrophysiker in keiner Weise wissenschaftlichen Erkenntnissen widerspricht, insbesondere nicht folgenden drei Säu- len: Einem Ursprung des Universums in einem Urknall vor etwa 13,7 Milliarden Jahren; einem Erdalter von 4,6 Milliarden Jahren und einer darwinistischen Evolution der Lebensformen. Außerdem besteht keinerlei Widerspruch zwischen dem, was ich als Gotteshe- orie bezeichnen möchte, und den Naturgesetzen, einschließlich der

Speziellen und der Allgemeinen Relativitätstheorie, wie Einstein sie vertrat.

Darüber hinaus zerschellt das Gottesbild, das ich vorschlage, nicht am Fels solcher Probleme wie der Frage nach der Rechtfertigung scheinbar unverdienter Härten oder sogar Gräuel, die manchmal aus unerfindlichen Gründen über durch und durch gute Menschen hereinbrechen.

Aber müssen wir überhaupt von einem Gotteskonzept sprechen?

Eine unendliche Anzahl von Universen oder Eine große Intelligenz

Im Laufe der vergangenen etwa zwanzig Jahre hat man in der Physik und in der Astrophysik entdeckt, dass bestimmte Eigenschaften des Universums und der Naturgesetze, im Verbund betrachtet, die Entstehung von Leben bemerkenswert begünstigen. Mittlerweile ist dies fest als erklärungsbedürftige Tatsache etabliert, und bekannte Wissenschaftler wie der Kosmologe Martin Rees sowie der Stanford-Physiker und Stringtheorie-Pionier Leonard Susskind haben etliche Bücher mit Erklärungsversuchen geschrieben.

Ihr Argument lautet, wenn unser Universum besonders lebensfreundliche Eigenschaften hat, dann muss dies eine Frage der Statistik sein. Es muss sich einen Wahrscheinlichkeitswert ankreiden lassen. Mit anderen Worten, es muss eine riesige Anzahl weiterer Universen geben, deren Eigenschaften sich von unserem und voneinander unterscheiden, weshalb wiederum unser Universum ganz und gar nichts Besonderes ist. Es ist einfach so, dass wir in einem der weniger freundlichen Universen nie entstanden wären, weshalb wir uns selbstverständlich in diesem befinden, was zwar wie ein Wunder wirkt, aber keines ist.

Wir können uns das in etwa so vorstellen: Wenn wir sechs Würfel auf einmal werfen, wie wahrscheinlich ist es dann, dass sie alle mit der Sechs nach oben zu liegen kommen? Nicht sehr wahrscheinlich. Wenn wir die sechs Würfel aber eine Million Mal werfen, dann muss es irgendwann passieren.

Was die Frage anbelangt, wie viele Universen es für das Mysterium des „genau richtigen" bewohnbaren Universums geben muss, so reichen die Schätzungen von zehn hoch fünfhundert (noch einmal: eine Eins mit fünfhundert Nullen) bis zu einer buchstäblich unendlichen Anzahl. Die „niedrigere" Schätzung resultiert aus bestimmten Parametern in der Stringtheorie und unterliegt daher Veränderungen (wahrscheinlich in Richtung eines noch höheren Wertes). Es ist in jedem Fall eine unfassbar große Zahl.

Dieses statistische Argument ist vernünftig, und man kann es sicher als Erklärung für die offenbar besonderen Eigenschaften unseres Universums akzeptieren. Ist es aber in irgendeiner Hinsicht vernünftiger als die Möglichkeit, dass unser Universum deshalb besonders ist, weil es das Produkt einer großen Intelligenz ist? Meiner Ansicht nach sind beide Argumente gleich vernünftig. Suchen Sie sich aus, was Ihnen lieber ist. Wenn Sie die Vorstellung von einer großen Intelligenz wirklich nicht verdauen können, dann steht zur Verhinderung von Sodbrennen die statistische Lösung bereit. Aber es ist weder fair noch wissenschaftlich haltbar, die andere zu verwerfen.

Oft hört man den Einwand: Gut und schön, aber woher kam dann diese Intelligenz? Die einzig mögliche Antwort lautet, sie kam von nirgendwoher: Sie ist präexistent – sie hat keinen Anfang – sie hat keinen Ursprung. Hätte sie einen, sollten wir diesen Ursprung überspringen und uns mit dem letzten Ursprung befassen. Warum Zeit und philosophisches Hirnschmalz auf eine Zwischenstufe verschwenden? Solches Denken führt lediglich zu einem unendlichen Regress, es ist ein Fass ohne Boden. Irgendwo muss man anfangen.

Natürlich steht die Ansicht, eine riesige Anzahl von Universen sei aus dem Nichts entstanden, auf ebenso wackeligen Füßen. Ich möchte behaupten, dass auch dazu etwas Präexistentes erforderlich ist, nämlich Quanten- oder andere Gesetze. Wenn Quanten-Fluktuationen als Ursprung aller Dinge betrachtet werden, dann müssen Quantengesetze präexistieren. Woher kamen diese? Das Problem ist dasselbe.

Glaubenssysteme

In seinem Buch *Die Welt in einem einzigen Atom: Meine Reise durch Wissenschaft und Buddhismus* spricht der Dalai Lama über uralte buddhistische Vorstellungen von Ursprung und Beschaffenheit des Universums. Wie kaum anders zu erwarten, bestehen diese Vorstellungen aus recht kuriosen Kosmologien und rudimentären Naturgesetzen, die mit unseren Entdeckungen in der Astrophysik heute ziemlich unvereinbar sind. Der Dalai Lama stellt eindeutig fest: Wenn wissenschaftliche Forschungen zu geprüften und erwiesenen modernen Konzepten führen, dann müssen diese Vorrang haben vor den alten buddhistischen Auffassungen. Im Buddhismus genießt die Erfahrung höchste Autorität, gefolgt von der Vernunft und an letzter Stelle den Schriften. Die unmittelbare Beobachtung steht an der Spitze. Wissenschaft sticht Tradition und Dogma aus. Wenn doch auch andere Religionen und religiöse Oberhäupter eine derart erleuchtete Position einnehmen könnten! Die Welt wäre um Einiges vernünftiger.

Dies gilt allerdings in beide Richtungen. Wenn wissenschaftliche Forschungen auf ein fein abgestimmtes Universum hindeuten, dann sollten Wissenschaftler möglichen Interpretationen, die das vorherrschende wissenschaftliche Weltbild infrage stellen, ebenso aufgeschlossen begegnen wie der Dalai Lama. Es ist ganz gewiss fair, und nach wissenschaftlicher Methodik sogar erforderlich, dass man zur Erklärung dafür, warum unser Universum scheinbar, nicht jedoch tatsächlich besonders ist, Hypothesen über die Möglichkeit einer unendlichen Anzahl weiterer Universen aufstellt. Dies könnte die Lösung sein und eines Tages zu Nobelpreisen führen (und vielleicht zu etwas Entsprechendem für unsere zehndimensionalen

Kollegen in den anderen Stringtheorie-Universen, die auf analoge Weise unserer Existenz auf die Spur gekommen sind). Aber es ist intellektuell unehrlich, die Möglichkeit rundweg von der Hand zu weisen, dass unser Universum deshalb besonders erscheint, weil es – nun ja – besonders ist.

Die strikte Ablehnung dieser Möglichkeit entspringt der Annahme, Reduktionismus und Materialismus könnten die einzige Quelle wahrer Erkenntnis sein. Materialismus bedeutet, dass Materie das einzig Reale ist und dies Energie mit einschließt, weil, wie Einstein gezeigt hat, Materie aus Energie und Energie aus Materie erzeugt werden kann. Diese beiden sind alles, was es gibt. Reduktionismus bedeutet, dass die Eigenschaften von allem und jedem dadurch erklärbar sind, dass man die Funktionen seiner Teile betrachtet. Ein extremes Beispiel wäre, meine Gedanken letzten Endes durch eine Analyse der Bewegungen der Atome in meinem Gehirn zu erklären.

Über den reduktionistischen Materialismus sagt der Dalai Lama Folgendes:

Dieser Ansicht liegt die Annahme zugrunde, dass letztendlich die Materie, wie sie durch die Physik beschrieben werden kann und den Naturgesetzen unterliegt, alles ist, was es gibt. Entsprechend würde diese Ansicht behaupten, dass die Psychologie auf die Biologie reduziert werden kann, die Biologie wiederum auf die Chemie und die Chemie auf Physik. Es geht mir hier nicht so sehr darum, gegen diese reduktionistische Position zu argumentieren (auch wenn ich sie selbst nicht teile), sondern die Aufmerksamkeit auf einen entscheidend wichtigen Punkt zu lenken: dass nämlich diese Vorstellungen keine wissenschaftliche Erkenntnis darstellen, sondern vielmehr eine philosophische, ja eigentlich metaphysische Haltung. Die Ansicht, dass alle Aspekte der Realität auf Materie und ihre verschiedenen Teilchen reduziert werden können, ist meinem Verständnis nach ebenso sehr eine metaphysische Haltung wie die Ansicht, dass eine ordnende Intelligenz die Wirklichkeit erschafft und steuert.

Das Problem

Auch wenn es bereits viele Jahre her ist, seit Carl Sagan in Zusammenarbeit mit seiner begnadeten Frau Ann Druyan die großartige Fernsehserie *Unser Kosmos* produziert hat, stellt diese doch immer noch den Gipfel einer wissenschaftlich grandiosen Sicht des Universums dar. Sie ist wahrhaft eine Inspiration, aber eine Inspiration begrenzter Art. Ja, wir sind Teil von etwas Großem und Erhebendem, selbst aus kosmischer Sicht. Doch aus menschlicher Sicht ist es problematisch. Wenn wir lediglich chemische Maschinen mit der Illusion eines Bewusstseins sind, dazu bestimmt, nach einer Lebensspanne von durchschnittlich achtzig Jahren dem Vergessen anheimzufallen – wo ist dann die Inspiration? Sind wir angesichts der ungeheuren Größe des Universums und seiner Milliarden künftiger Jahre sowohl zeitlich als auch räumlich nicht verschwindend winzig? Wo ist unser Sinn und Ziel?

Radikaler wissenschaftlicher Materialismus kann ein stupendes Bild des Unbelebten zeichnen, führt bei uns Menschen jedoch zu einer Enge des Denkens, die bei ehrlicher Auseinandersetzung im Endergebnis kaum etwas anderes sein kann als Nihilismus. Zumindest ein Nihilismus in dem eingeschränkten Sinne, dass die Existenz, soweit es unser persönliches Leben betrifft, letztendlich sinnlos ist.

Um noch einmal den Dalai Lama zu zitieren:

Gemäß dieser Ansicht werden viele Dimensionen der gesamten Realität dessen, was das Menschsein ausmacht – Kunst,

Ethik, Spiritualität, Güte, Schönheit und vor allem Bewusstsein – entweder auf die chemischen Reaktionen feuernder Neuronen reduziert oder als rein imaginäre Konstrukte betrachtet. Die Gefahr besteht darin, dass Menschen auf nichts weiter als biologische Maschinen reduziert werden, auf reine Zufallsprodukte in der willkürlichen Kombination von Genen mit keinem anderen Sinn und Ziel als dem biologischen Imperativ der Vermehrung.

In seinen späteren Schriften deutete Sagan selbst an, an der Realität könne möglicherweise mehr dran sein als das Dogma des wissenschaftlichen Materialismus zulässt, und interessanterweise verweist er auf die Forschungen von Ian Stevenson über frühere Leben. In *Der Drache in meiner Garage oder die Kunst der Wissenschaft, Unsinn zu entlarven* schreibt Sagan:

Zurzeit gibt es auf dem Gebiet der außersinnlichen Wahrnehmung drei Behauptungen, die meiner Meinung nach einer seriösen Untersuchung wert sind: (1) dass Menschen allein durch Gedankenkraft Zufallsgeneratoren in Computern (kaum) beeinflussen können; (2) dass Menschen bei leichtem Reizentzug Gedanken oder Bilder empfangen können, die auf sie „projiziert" werden, sowie (3) dass kleine Kinder manchmal über Einzelheiten aus einem früheren Leben berichten, die sich bei einer Nachprüfung als zutreffend erweisen und von denen sie ausschließlich durch Reinkarnation gewusst haben können. Ich greife diese Behauptungen nicht deshalb heraus, weil ich sie für zutreffend halte (das tue ich nicht), sondern als Beispiele für Argumente, die wahr sein könnten.

Stringtheorie

Seit etwa zwei Jahrzehnten wird das Studium der Grundlagenphysik – die Erforschung der vier Kräfte (Elektromagnetismus, Schwerkraft, starke und schwache Wechselwirkung sowie der Versuch ihrer Vereinheitlichung) zusammen mit der Bestimmung der Elementarteilchen und ihrer Eigenschaften – von der Stringtheorie und ihrer neueren Erweiterung, der M-Theorie, beherrscht. Dahinter verbirgt sich die Idee, dass alle Elementarteilchen, wie etwa Elektronen, Neutrinos und Quarks, unterschiedliche Schwingungsstadien eines unglaublich winzigen eindimensionalen Etwas sind, das als String bezeichnet wird.

Stringtheorie ist ein höchst mathematisches Thema. Ohne ihr Unrecht zu tun, kann man wahrscheinlich sagen, dass sie eher als ein äußerst esoterischer Zweig der Mathematik zu betrachten ist. Ihre Verbindung zur realen Welt der Physik ist der auf tief in ihrer Mathematik verborgenen Beziehungen basierende Hinweis, dass die Schwerkraft mit den anderen drei Kräften vereinheitlicht werden kann und es sich bei allen scheinbar unterschiedlichen Teilchen, die im Laufe des letzten Jahrhunderts entdeckt worden sind, nur um ein und denselben String handelt, der unterschiedlich schwingt. Dies ist die Hoffnung, eine Hoffnung, die immerhin so stark ist, dass aus ihr eine etwa tausendfünfhundert Physiker zählende Gemeinschaft von Stringtheoretikern erwachsen ist, die mit Bienenfleiß Aufsätze schreiben, von denen selbst Physiker-Kollegen nicht ohne zu flunkern behaupten können, dass sie sie bis ins Detail verstehen.

Zwei jüngst erschienene Bücher – *Not Even Wrong: The Failure of String Theory and the Search for Unity in Physical Law* des Mathematikers Peter Woit von der Columbia University und *The Trouble With Physics: The Rise of String Theory, the Fall of a Science and What Comes Next* (dt.: *Die Zukunft der Physik: Probleme der Stringtheorie und wie es weitergeht*) von Lee Smolin, einem bekannten theoretischen Physiker und Stringtheorie-Experten am kanadischen Perimeter

Institute – behaupten, die Physik habe sich im mathematischen Dschungel der Stringtheorie verirrt.

Es gibt mindestens zwei große Probleme. Ein String wäre im Vergleich zu einem Atom so klein wie ein Atom im Vergleich zum Sonnensystem. Infolgedessen hat die direkte Entdeckung eines Strings bisher nicht stattgefunden. Tatsächlich gibt es kein heute bekanntes plausibles Experiment, mit dem die Entdeckung eines Strings vorstellbar wäre. Die Teilchenbeschleuniger, mit denen seit Jahrzehnten subatomare Teilchen entdeckt werden, sind für die Entdeckung eines Strings nicht zu gebrauchen. Die gesamte, in allen Kraftwerken auf der Erde erzeugte Energie wäre noch um das mehrere Milliardenfache zu schwach, um in einem Teilchenbeschleuniger einen String zu erzeugen. Sagen wir es einmal so: Die Hoffnung auf eine experimentelle Bestätigung ist eher schwach.

Das zweite Problem ist erstaunlich. Die Mathematik der Stringtheorie erfordert die Existenz mehrerer weiterer Dimensionen, über die drei Dimensionen des Raumes und die eine Dimension der Zeit hinaus, in denen wir gewohnt sind zu leben. Die Anzahl der zusätzlichen Dimensionen reicht von sechs oder sieben bis zu sage und schreibe zweiundzwanzig. In der klassischen Stringtheorie werden diese Dimensionen „kompaktifiziert", das bedeutet, sie werden zu winzigen Schleifen dimensionalen Raumes zusammengerollt. In der M-Theorie werden einige Dimensionen kompaktifiziert, andere hingegen nicht; das heißt, manche könnten in ihrer Ausdehnung unseren Dimensionen ähnlich sein, jedoch bei möglicherweise radikal anderen Eigenschaften. Denken Sie an den Unterschied zwischen Raum und Zeit; beides sind Dimensionen, doch ihre Eigenschaften sind recht unterschiedlich. Eine Minute und ein Meter sind etwas völlig anderes.

Es geht nicht darum, die String- oder die M-Theorie als solche zu kritisieren. Es handelt sich vielmehr um eine Glaubensfrage. So heißt es im Klappentext zu Peter Woits Buch:

> Was geschieht, wenn die naturwissenschaftliche Theorie die Welt überprüfbarer Hypothesen verlässt und einer ästhetischen Spekulation oder gar Theologie ähnlicher wird? ... Eine solche Idee ist die Stringtheorie.

Wir stehen also vor der Situation, dass bestimmte Tatsachen nach einer Erklärung schreien. Diese wird gefunden, aber sie erfordert die Annahme eines oder mehrerer Dinge, für die es in der Welt der Erfahrung keinerlei Indizien gibt. Leider stellt sich außerdem heraus, dass eine wissenschaftliche Überprüfung der vorgeschlagenen Erklärung nicht möglich ist. An dieser Stelle bleibt nur noch, alles zu glauben und zu schauen, wie weit wir damit kommen – und genau dies tut die weitaus überwiegende Mehrheit der Stringtheoretiker. Dabei besteht allerdings die Gefahr, dass die hypothetischen Grundlagen der Theorie zu Glaubensartikeln werden.

Ich behaupte, die Existenz von Strings und zusätzlichen Raumdimensionen als vereinheitlichende Erklärung der Grundlagen der Physik einerseits sowie die Existenz einer Intelligenz als vereinheitlichende Erklärung für die offensichtliche Feinabstimmung unseres Universums andererseits liegen philosophisch und metaphysisch nicht sehr weit auseinander. Tatsächlich stützen sie sich bis zu einem gewissen Grad sogar gegenseitig.

In der als M-Theorie bezeichneten Erweiterung der Stringtheorie wird vorausgesetzt, dass sehr wahrscheinlich andere Universen mit völlig anderen Eigenschaften und Gesetzen existieren. Diese Universen mit ihren eigenen Gesetzlichkeiten könnten von unserem Universum durch winzige Entfernungen in einer anderen Dimension getrennt sein. Wenn solche Nachbar-Universen tatsächlich existieren, dann gibt es keinen Grund, warum man die Möglichkeit bestreiten sollte, dass darin äquivalente Lebensformen existieren – was immer dies angesichts von „Naturgesetzen", die unser Vorstellungsvermögen übersteigen, auch heißen mag.

In mystischen Überlieferungen ist von anderen, nicht-physischen Welten mit andersartigen Wesenheiten die Rede. Die M-Theorie erfordert die Existenz von Universen mit unterschiedlichen Gesetzen, die im Prinzip andere Wesenheiten beherbergen könnten. Hier geben sich zwei Welten ein kurioses, ja geradezu komisches Stelldichein, bedenkt man die Tendenz der Materialisten, alles Übernatürliche zu bespötteln. Vielleicht kann ein schlauer Stringtheoretiker eines Tages das uralte verzwickte Rätsel lösen, wie viele Engel auf einem Stecknadelkopf tanzen können ... in verschiedenen M-Theorie-Universen.

Glaubensfragen

In seinem Buch *Der Gotteswahn* stellt Richard Dawkins den dogmatischen Glauben an eine heilige Schrift dem wissenschaftlich geschulten Denken gegenüber. Er schreibt:

Fundamentalisten wissen, dass sie recht haben. Sie haben die Wahrheit in einem heiligen Buch gelesen und sind sich schon im Voraus sicher, dass nichts sie von ihren Überzeugungen abbringen wird. ... Das Buch ist wahr, und wenn die Belege dem zu widersprechen scheinen, dann muss man nicht das Buch über Bord werfen, sondern die Belege. Wenn ich als Wissenschaftler dagegen an Dinge glaube (beispielsweise an die Evolution), dann nicht deshalb, weil ich ein heiliges Buch gelesen hätte, sondern weil ich die Belege untersucht habe.

Damit hat er vollkommen recht. Im Gegensatz zu einem heiligen Buch kann und wird ein wissenschaftliches Buch verändert werden, wenn neue Experimente, Beobachtungen oder andere Indizien ans Licht kommen. Indizien, die sich objektiv verifizieren lassen, stechen Offenbarungen aus – eine Position, die selbst der Dalai Lama vertritt. Ja, sogar ein Fundamentalist könnte sagen, dass wissenschaftliche Beweise Offenbarungen ausstechen – vorausgesetzt es handelt sich dabei um die Offenbarung einer anderen Religion (und genau darin liegt das Problem bei Offenbarungen).

Leider sind die Dinge nicht ganz so objektiv und vorurteilsfrei, wie Dawkins uns glauben machen möchte. Unser Universum hat zahlreiche Charakteristika, die insgesamt auf eine höchst unwahrscheinliche Feinabstimmung seiner Eigenschaften schließen lassen. Wissenschaftler betrachten dies als so schwerwiegend und signifikant, dass es eine „Erklärung" erfordert. Von der Erklärung „das ist alles bloß ein glücklicher Zufall" einmal abgesehen, bleiben nur zwei Möglichkeiten: Entweder die Eigenschaften unseres Universums sind besonders, weil sie das Produkt einer Intelligenz sind – oder sie sind lediglich ein statistisches Resultat. Diese letztere Ansicht erfordert jedoch die Existenz einer großen, vielleicht sogar unendlichen Anzahl weiterer unsichtbarer Universen mit anderen Eigenschaften, als unseres sie hat.

Zur Lösung der Frage, welche Erklärung die richtige ist – bloße Statistik oder eine Intelligenz mit Sinn und Ziel – gibt es keine wissenschaftliche Methode. Beide erfordern die Akzeptanz von etwas Bedeutendem, was die heutige Wissenschaft übersteigt. Bedenken Sie, dass viele der anderen Universen in dem statistischen Multiversums-Argument sich radikal von unserem Universum unterscheiden müssten, um der Statistik der Zufallseigenschaften Genüge zu tun. In diesem Fall könnten sich in der bunten Mischung sogar intelligente Universen befinden. Womit die Grenzen zwischen den beiden Erklärungen eindeutig verschwimmen würden. In beiden Fällen müssten wir am Ende die Existenz von Welten jenseits des konventionellen Physischen, das heißt jenseits von Zeit und Raum in der uns bekannten Form, akzeptieren. Welcher Unterschied besteht zwischen einem außerdimensionalen Alien (Stringtheorie) und einem übernatürlichen oder Engelwesen (Religion), wenn nicht bloß ein terminologischer? Die Begegnung mit dem einen wie mit dem anderen wäre ein Schock.

Die Erklärung, hinter dem Ursprung unseres Universums stehe eine Intelligenz, bloß deshalb abzulehnen, weil man glaubt, dass es eine solche Intelligenz nicht geben kann, ist in Wirklichkeit nichts anderes als der Glaube an das Äquivalent eines heiligen Buches. In diesem Fall ist es der Glaube an den reduktionistischen Materialismus. Die Existenz vielleicht unendlich vieler weiterer Universen als mögliche Erklärung zu postulieren, ist legitim. Zu argumentieren, dies *müsse* wahr sein, weil die Alternative – eine Intelligenz – einfach nicht wahr sein *könne*, ist schlicht Anbetung am Altar des reduktionistischen Materialismus. So kann sich wissenschaftliche Praxis in Wissenschaftsgläubigkeit verwandeln.

Ein besseres Gottesbild

Es gibt Vorstellungen von Gott, die einfach lächerlich sind; und es gibt grauenerregende Vorstellungen. Beide liegen an der Wurzel des Problems, das Naturwissenschaftler tendenziell bereits mit der Idee von einem Gott haben. Aber auch eine vernünftige Gottesvorstellung ist möglich (und ich behaupte, dass ich mit meiner Gottestheorie eine solche vorstelle).

Diverse Umfragen haben gezeigt, dass Naturwissenschaftler mehrheitlich Atheisten sind, was bedeutet, dass sie nicht bloß bezweifeln, ob es einen Gott gibt, sondern mit Gewissheit glauben, dass es keinen Gott gibt. Dies ist ein wesentlich höherer Prozentsatz als bei der Allgemeinbevölkerung. Ein wesentlicher Faktor dieses Unglaubens ist das Wesen, das einem in den Sinn kommt, wenn man *Gott* denkt.

Ein Gott, dessen Existenz oder Verhalten den Naturgesetzen und dem bekannten Aufbau des Universums unmittelbar widerspricht, sollte ausgeschlossen werden. Natürlich kann man unmöglich mit hundertprozentiger Sicherheit widerlegen, dass ein Gott eine sechstausend Jahre alte Erde mit Fossilien übersät hat, um den arroganten Archäologen eins auszuwischen, doch mir kommt so etwas unglaublich dumm vor. Wenn es aber doch stimmte und ein derart verschlagener Gott für alles zuständig wäre, dann säßen wir ganz schön in der Patsche.

Ein Gott, der existiert und irgendwo im Universum einen Himmel unterhält, ist außerdem ein Blindgänger. Wenn Gott aus Materie besteht, woher kam dann diese Materie?

Für physikalische Argumente brauchen wir einen Gott, der nicht aus Materie besteht, nicht auf ein Universum beschränkt und nicht durch Raum und Zeit gebunden ist, denn als ein durch diese Dinge Begrenztes statt als ihr Ursprung wäre er/sie/es kein richtiger Gott.

Es gibt allerdings auch moralische und ethische Anforderungen an einen Gott, den Wissenschaftler – und ich selbst – ernst nehmen können.

Einen Gott, der hasst, der nachtragend und eifersüchtig ist, der sich an Blutvergießen labt sowie willkürlich einigen Auserwählten auf Kosten aller anderen die Wahrheit offenbart und Erlösung gewährt, lehne ich ab. Die Folgen der schlimmsten Fehlvorstellung von Gott zeigen sich heute auf tragische Weise in den Fanatikern, die das Wort *Märtyrer* zur Verherrlichung von Mördern pervertiert haben. Wenn dies das Beste wäre, womit wir in Sachen Gottesvorstellung aufzuwarten hätten, dann wäre auch ich ein rabiater Atheist.

Bewusstsein erschafft Realität

In diesem Buch behaupte ich unter anderem, dass die Quantenmechanik, insbesondere im Lichte eines jüngeren bahnbrechenden Experiments zur Messung der sogenannten *Leggett-Ungleichung*, die an die Stelle der berühmten *Bellschen Ungleichung* getreten ist (siehe Kapitel Acht), Bewusstsein notwendigerweise einschließt. Und zwar insofern, als wir heute berechtigterweise behaupten können, dass auf der Quantenebene Bewusstsein die beobachtete Realität erschafft. Das hat natürlich gravierendste Auswirkungen für die Makro-Realität unseres Alltags, weil alles auf einer Quantengrundlage aufbaut.

Wenn Bewusstsein die Grundlage der Realität ist, dann ist es plausibel, dass ein transzendentes Bewusstsein die dem Universum zugrunde liegende Ursache ist. Dies ist nicht beweisbar, aber als Schlussfolgerung ist es nicht weniger logisch als das Fazit der konventionellen Wissenschaft, das versichert, das Universum mit seinen überraschenden lebensfreundlichen Eigenschaften sei lediglich das Resultat statistischer Ereignisse.

Wenn dies der Fall ist, dann schlage ich vor, dass die Motivation dieser großen Intelligenz das Streben nach Erfahrungen in einer physischen Welt ist. Hier kommen die Menschheit und alle anderen Lebensformen auf der Erde und im gesamten Universum ins Spiel. Ich schlage vor, unsere Natur als Manifestationen dieser Intelligenz zu erforschen.

Die Rationalität und das kritische Denken, auf denen die Naturwissenschaft aufbaut, müssen keineswegs aufgegeben werden. Im Gegenteil, es ist wesentlich, dass die Indizienbeweise für die Existenz einer transzendenten Intelligenz hinter dem Ursprung des Universums gerade mithilfe dieser Instrumente beurteilt werden. Für alle, die im Brustton der Überzeugung behaupten, dass es auf Seiten der Spiritualität nichts Bedenkenswertes gibt, möchte ich Werner Heisenberg zitieren, einen Mann, der sich in der Wissenschaft gewiss ausgezeichnet auskannte:

Obwohl ich nun von der Unangreifbarkeit der naturwissenschaftlichen Wahrheit in ihrem Bereich überzeugt bin, so ist es mir doch nie möglich gewesen, den Inhalt des religiösen Denkens einfach als Teil einer überwundenen Bewusstseinsstufe der Menschheit abzutun, einen Teil, auf den wir in Zukunft zu verzichten hätten. So bin ich im Laufe meines Lebens immer wieder gezwungen worden, über das Verhältnis dieser beiden geistigen Welten nachzudenken; denn an der Wirklichkeit dessen, auf das sie hindeuten, habe ich nie zweifeln können. („Naturwissenschaftliche und religiöse Wahrheit", 1973)

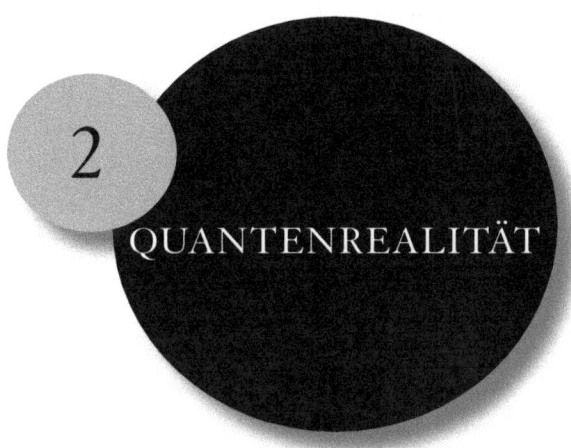

2

QUANTENREALITÄT

Eine Suche auf amazon.com nach Büchern mit dem Begriff „Quantum" im Titel ergab jüngst annähernd zwanzigtausend Treffer (eine Suche auf amazon.de nach deutschen Büchern mit „Quanten" im Titel ergibt knapp zweitausenddreihundert Treffer). Diesen Begriff aus der Physik haben sich inzwischen alle Bereiche angeeignet – vom Geldverdienen (*Quantum Success: The Astounding Science of Wealth and Happiness*; dt.: *Geheimnisse des Erfolgs: die erstaunliche Gesetzmäßigkeit hinter Wohlstand und Glück*) über Heilung (*Quantenheilung* in zahllosen Varianten) und Führung (*Quantum Leadership: A Textbook of New Leadership*) bis zu Golf (*Quantum Golf: The Path to Golf Mastery*, dt.: *Meistergolf: die Erfolgsstory vom natürlichen Schwung*). Ja, es gibt sogar einen *Quantum Zoo*, aber dabei handelt es sich tatsächlich um ein gutes Buch mit einem schrägen Titel von dem angesehenen Wissenschaftsautor Marcus Chown. Der Untertitel lautet: *A Tourist's Guide to the Never-Ending Universe.*

Solche unsinnigen Verbindungen zu Dingen, die nichts mit Quantenphysik zu tun haben, quittieren Physiker mit einem milden Lächeln, doch Bücher mit Titeln wie *Quanten-Theologie* oder *Quanten-Glaube* sowie alles, was vorgibt, Quantenphysik mit östlicher Metaphysik oder Gott zu verbinden, bringt sie in Wallung und lässt sie zum Skeptiker-Vorschlaghammer greifen.

Die Quantenphysik in ihrer heutigen Form hat nicht unmittelbar etwas über Gott, jedoch sehr viel über das Wesen der Wirklichkeit und des Bewusstseins zu sagen. Weil die Gottestheorie in *Warum Gott nicht würfelt* vorschlägt, dass alles Bewusstsein eine Manifestation eines transzendenten Bewusstseins ist, gibt es allerdings eine signifikante indirekte Verbindung.

Das bereits erwähnte Buch der beiden Physikprofessoren Bruce Rosenblum und Fred Kuttner trägt zwar „so einen" Titel, *Quantum Enigma: Physics Encounters Consciousness,* ist aber tatsächlich ein seriöses Buch, das auf absolut konventioneller Quantenphysik beruht und die Rolle des Bewusstseins direkt anspricht. Es basiert auf Vorlesungen aus zehn Jahren, die an der University of California in Santa Cruz für Studenten mit einem nicht-naturwissenschaftlichen Hauptfach gehalten wurden.

„Aha", könnte da ein Physiker ausrufen, „alles, was man Studenten mit einem nicht-naturwissenschaftlichen Hauptfach beibringt, kann keine seriöse Vorlesung sein, daher können wir diese Lektüre glücklicherweise getrost ignorieren."

Keineswegs.

Die Quantenmechanik ist die erfolgreichste Theorie in der Naturwissenschaft. Bei einer bestimmten Berechnung hat sie eine Genauigkeit von einem Teil in einer Billion. Das heißt, so exakt ist die Übereinstimmung zwischen einer theoretischen Berechnung und einer experimentellen Messung (der magnetischen Kraft eines „Kreiselelektrons"). Dies ist eine atemberaubende Bestätigung.

Die Mathematik der Quantenmechanik hinter dieser und anderen Berechnungen kann recht beeindruckend sein. Sie beinhaltet so groteske Konzepte wie abstrakte unendlich-dimensionale Räume, die nicht Dinge, sondern vielmehr Vektoren und Operatoren enthalten. Was jedoch das Quantenrätsel anbelangt, spielt das ganze mathematische Brimborium nicht die geringste Rolle. Auch jemand, der über keinerlei mathematische Vorkenntnisse verfügt, kann die Grundsatzfrage vollständig verstehen. Umgekehrt könnte beispielsweise ein Genie in Quanten-Elektrodynamik, das die Mathematik hinter der bereits erwähnten Berechnung nachvollziehen kann, im Hinblick auf das Grundsätzliche so naiv sein, dass es das Rätsel für gelöst hält. Das Geheimnis liegt nicht in den Zahlen, die ausgesprochen gut aufgehen. Das Geheimnis liegt in der dahinterstehenden Deutung, und die kann sogar ein Student im Grundstudium ganz ohne Mathematik begreifen, wie Rosenblum und Kuttner zeigen.

Hier nun das Rätsel, das konventionell als „Messungsproblem" bezeichnet wird. Unter normalen Verhältnissen erscheint unsere Realität recht feststehend und unabhängig von der Aufmerksamkeit, die wir ihr schenken. Wenn im Wald ein Baum umstürzt, bezweifelt kein vernünftiger Mensch, dass das krachende Geräusch auftritt, egal ob jemand da ist, der es hören kann, oder nicht. In der Quantenwelt aber lautet die einzig logische Deutung von Experimenten, dass die Realität durch die Messung erzeugt wird.

Die Realität, von der man annimmt, dass sie die ganze Zeit vorhanden ist, egal, ob eine Messung vorgenommen wird oder nicht, hat vor der Messung nicht existiert.

In ihrem Buch besprechen Rosenblum und Kuttner detailliert die verschiedenen in der Quantenmechanik vorgeschlagenen Interpretationen, mit denen man dies umgehen wollte. Letzten Endes sind sie alle nicht zufriedenstellend, und das Fazit, dass die Realität auf der Quantebene erschaffen wird, bleibt unangetastet. So sagte Pascal Jordan, einer der Begründer der Quantentheorie: „Beobachtungen stören nicht nur, was gemessen werden soll, sie bringen es erst hervor." Mit Bezug auf die Quantenmessung eines Atoms in einer Kiste sagen Rosenblum und Kuttner unverblümt: „Das Atom war erst in der Kiste, als Sie es darin beobachtet haben, vorher nicht."

Die Erfahrung sagt uns, dass ein Objekt nicht gleichzeitig an zwei Orten sein kann.

Die Relativitätstheorie sagt, dass etwas, was an Punkt A geschieht, sich nicht *augenblicklich* (fachsprachlich: instantan) auf etwas anderes auswirken kann, was in einer bestimmten Entfernung an Punkt B passiert, weil nichts schneller sein kann als Lichtgeschwindigkeit.

Der gesunde Menschenverstand sagt, dass eine reale Welt existiert, ob wir sie nun beachten oder nicht.

Die Quantenmechanik bestreitet alle diese Intuitionen.

Tatsächlich aber baut alles auf der Quantenebene auf. Die Struktur der Alltagswelt ist letzten Endes auf den Quanten-Backsteinen errichtet, und diese sind „irreal, bis sie gemessen werden". So schreiben Rosenblum und Kuttner:

Wenn aber die Quantentheorie die eindeutige physikalische Realität der Atome bestreitet, dann bestreitet sie damit doch offensichtlich auch die eindeutige physikalische Realität von Stühlen, die ja aus Atomen bestehen.

Genau deshalb wurden die beiden Physiker von ihren Kollegen gewarnt, sie gäben ihren Studenten ein geladenes Gewehr in die Hand – philosophisch gesprochen. Schließlich könne ein derartiges Denken dazu führen, dass sie auf allen möglichen Mumpitz hereinfielen, der ja in reichlichem Maße überall vorhanden ist. Das Quantenrätsel könne dazu führen, dass die Studenten zu dem Schluss kämen, Bewusstsein erschaffe irgendwie die physische Realität. Das Quantenrätsel ist die Leiche im Keller, die man lieber dort belässt.

Ein ideales Quanten-Experiment

Untersuchen wir einmal ein Quanten-Experiment, das drei herausragende Genies der theoretischen Physik entwickelt haben: Dr. Moe, Dr. Larry und Professor Curly. (Namensgleichheiten mit Mitgliedern der amerikanischen Komikertruppe „Die Drei Stooges" sind rein zufällig.)

Professor Curly hat Maschinen entwickelt, die Penny-Münzen durch Schneiden oder Hacken halbieren. Beim „Schneiden" wird die Münze längs geteilt, wodurch zwei dünne Münzen entstehen. Die eine zeigt auf der Vorderseite das Profil von Abraham Lincoln und auf der Rückseite nichts. Die andere Münze zeigt auf einer Seite das Lincoln Memorial und auf der Rückseite nichts. Dies ist in Abbildung 1 dargestellt.

Geschnitten   Gehackt

Abbildung 1

Beim „Hacken" wird die Münze ganz anders geteilt, so dass nun zwei „Halbmond"-Pennys entstehen. Die eine Hälfte zeigt Lincolns Kopf, die andere seine Schultern.

Als echtes Genie hat Professor Curly zwei Versionen der Schneide- und Hackmaschine. Die eine ist ein klassisches, die andere ein Quantenmodell.

Bei Experiment Eins verwendet Professor Curly die klassische Maschine für den Längsschnitt durch die Münze. Die Maschine, die ziemlich raffiniert ist, legt eine Hälfte der Münze in einen an Dr. Moe adressierten Umschlag, die andere Hälfte in ein Kuvert, das Dr. Larrys Anschrift trägt. Beide Umschläge erhalten den Vermerk „Geschnitten". Professor Curly nimmt die Umschläge aus der Maschine und legt sie bereit, so dass der Postbote sie mitnehmen kann. Dann gönnt er sich ein Nickerchen.

Am nächsten Tag haben sowohl Dr. Moe, der in Stoogeburg wohnt, als auch Dr. Larry im hundertsechzig Kilometer entfernten Stoogestadt einen Umschlag in der Post. Dr. Moe erwartet darin eine geschnittene Münze, denn so steht es auf dem Kuvert. Er öffnet es, und siehe da, im Inneren ist eine geschnittene Münze, die Lincolns Profil zeigt. Er ruft seinen Kollegen Dr. Larry an und reißt ihn damit aus dem Schlaf. Und siehe da, als dieser seinen Umschlag aus dem Briefkasten holt, enthält dieser die Rückseite der ursprünglichen Münze mit dem Lincoln Memorial.

Dr. Moe ruft Professor Curly an und brüllt: „Sagen Sie einmal, Sie Trottel, was war denn das für ein bescheuertes Experiment? Ich habe eine halbe Münze erhalten, und Larry hat die andere Hälfte bekommen. Was beweist das?", woraufhin Professor Curly erwidert: „Njack, njack, njack … wart's nur ab."

Bei Experiment Zwei stellt Professor Curly die klassische Maschine auf „Hacken". Wieder macht sich die Maschine an die Arbeit, wirft zwei „halbmondförmige" Münzen aus und steckt jeweils eine in die mit „Gehackt" gekennzeichneten sowie an Dr. Moe und Dr. Larry adressierten Umschläge.

Am nächsten Tag findet Dr. Moe einen mit „Gehackt" gekennzeichneten Umschlag in seinem Briefkasten. Er erwartet eine zerhackte Münze darin – und siehe da, er findet eine mit Lincolns Kopf. Er ruft seinen Kollegen Dr. Larry an, der sich gerade Pfannkuchen zum Frühstück bäckt. Dr. Larry sieht im Briefkasten nach und entdeckt einen Umschlag mit der Aufschrift „Gehackt", in dem die andere Hälfte der Münze mit Lincolns Schultern steckt.

Dr. Moe ruft Professor Curly an und brüllt: „Sie halten sich wohl für überschlau, was? Was für ein bescheuertes Experiment war das denn wieder? Ich sollte Ihnen die Fresse …" Professor Curly unterbricht ihn: „Warten Sie ab, bis Sie das nächste Experiment erleben."

Zeit für Experiment Drei. Dieses Mal wirft Professor Curly die Quantenmaschine an. Er steckt eine Münze hinein. Die Maschine brummt und surrt und spuckt dann zwei verschlossene Umschläge aus. Dieses Mal sind sie jedoch nicht mit „Geschnitten" oder „Gehackt" gekennzeichnet, sondern mit dem Vermerk „Quanten" versehen. Der Postbote nimmt sie an sich.

Am nächsten Tag findet Dr. Moe einen Umschlag mit der Aufschrift „Quanten" in seinem Briefkasten. Genau in diesem Moment ruft Professor Curly an:

Curly: Hey Moe, haben Sie den Quantenumschlag erhalten, den ich Ihnen geschickt habe?

Moe: Ja, ich bin gerade dabei, ihn zu öffnen.

Curly: Tun Sie das noch nicht. Erst müssen Sie beschließen, ob der Umschlag eine geschnittene oder gehackte Münze enthält.

Moe: Sind Sie noch ganz dicht? Ihre Maschine hat sie doch bereits geschnitten oder gehackt. Daran kann ich nun nichts mehr ändern.

Curly: Doch, das können Sie. Ja, Sie *müssen* sogar festlegen, welche Münze im Umschlag ist, um das Experiment abzuschließen.

Moe: Also hören Sie mal, Sie Trottel! Behaupten Sie etwa, wenn ich beschließe, dass der Umschlag eine geschnittene Münze enthält, dann finde ich eine darin, und wenn ich beschließe, dass er eine gehackte Münze enthält, dann finde ich genau das darin?

Curly: Ja, genau.

Moe: Also wirklich. Das ist doch verrückt. Das würde ja bedeuten, dass das, was da drin ist, gar nicht echt ist.

Curly: Njack, njack, njack.

Moe: In Ordnung. Ich sage mal, ich werde eine gehackte Münze darin vorfinden. Kann ich jetzt auch beschließen, welche Hälfte der Münze ich darin finde? Lincolns Kopf oder Lincolns Schultern?

Curly: Nein. Das ist der Teil, den Sie entdecken müssen. Nachsehen, welche Münze es ist, bezeichnet man als Messung. Sie müssen beschließen, welche Art von Münze Sie beobachten wollen – geschnitten oder gehackt. Sobald Sie das aber beschlossen haben, entscheidet der Zufall darüber, welche Hälfte es ist.

Dr. Moe beschließt, dass er eine gehackte Münze vorfinden wird. Daraufhin öffnet er den Umschlag – und genau wie beschlossen, befindet sich eine halbmondförmige gehackte Münze darin. Es stellt sich heraus, dass es die Hälfte mit Lincolns Kopf ist. Aber nun ist er verwirrt.

Moe: Okay, Schlaumeier; es war eine gehackte Münze. Aber was ist mit dem Umschlag, den Sie Dr. Larry geschickt haben? Was, wenn er beschließt, dass seine andere Hälfte eine geschnittene Münze ist? Das wäre dann wohl nicht die andere Hälfte meiner Münze?

Curly: Es ist zu spät; er kann das jetzt nicht mehr machen. Sobald Sie entschieden haben, was für eine Münze Sie erhalten, steht damit auch das Ergebnis in seinem Umschlag fest. Er wird die passende zweite Hälfte erhalten, und wenn Sie die Entscheidung zuerst getroffen haben, kann er daran nichts mehr ändern.

Dr. Moe ruft Dr. Larry an, der gerade eine Wiederholung der *Drei Stooges* im Fernsehen sieht. Als Dr. Larry seinen Umschlag öffnet, siehe da, ist eine gehackte Münze mit Lincolns Schultern darin.

Moe: Pustekuchen! Sie hatten einfach Glück. Das machen wir gleich noch ein paar Mal.

Curly: Aber gewiss doch, njack, njack, njack.

Natürlich findet Dr. Moe bei jedem Durchlauf des Experiments immer genau die Münze – geschnitten oder gehackt – die seiner Entscheidung vor dem Öffnen des Umschlags entspricht. Und Dr. Larry, der seinen Umschlag immer als Zweiter öffnet, hat stets die passende zweite Hälfte.

Wellen und Teilchen

Stellen Sie sich vor, Sie zelten im Hochsommer an einem kristallklaren See, hoch oben in den Bergen. Es ist fünf Uhr morgens, eben ist die Sonne aufgegangen, Ihre Mitreisenden fangen gerade erst an, sich zu rühren, aber Sie sind als Erster aus dem Zelt. Alles ist ruhig. Kein Lüftchen geht. Spiegelglatt liegt der See vor Ihnen.

Nur zum Spaß werfen Sie einen Stein ins stille Wasser. Vom Aufschlagpunkt des Steines gehen Wellen aus. In mehreren perfekt konzentrischen Kreisen dehnen sie sich immer weiter aus, bis sie schließlich einfach verschwinden.

Dann werfen Sie zwei Steine mit derselben Hand. Sie schlagen im exakt gleichen Moment im Abstand von einem Meter nebeneinander auf dem Wasser auf. Wieder gehen von jedem Aufschlagpunkt Wellen aus, und wenn die beiden Kreise sich zu überschneiden beginnen, entsteht ein Muster, das komplizierter ist als die konzentrischen Kreise, die ein einzelner Stein bildet.

Im Labor kann man mit Licht ein ähnliches Muster erzeugen. Man braucht dazu einen Laserpointer und eine Blende, weil Licht eine Welle ist. Wenn man das Licht durch einen einzelnen Spalt in der Blende schickt (wie wenn man einen einzelnen Stein ins Wasser wirft), sieht man auf der dahinterliegenden Wand ein einheitliches Muster. Wenn man den Laserstrahl gleichzeitig durch beide Spalte schickt (wie zwei Steine, die nebeneinander auf dem Wasser auftreffen), erhält man ein anderes Muster an der Wand. Dieses wird als Interferenzmuster bezeichnet, weil die Wellen aus jedem Spalt miteinander interferieren, einander also überschneiden. Es ist derselbe Prozess wie bei den einander überschneidenden Wellen im Wasser.

Der vorherige Abschnitt ist eigentlich nur halb wahr. Licht verhält sich nur unter bestimmten Bedingungen wie eine Welle. Unter anderen Bedingungen hingegen verhält es sich wie ein Teilchen, ein sogenanntes Photon. Photonen bewegen sich entlang gerader Linien (außer im gekrümmten Raum) und breiten sich nicht aus. Das menschliche Auge kann ein einzelnes Photon beinahe noch sehen.

Könnte man die Energie des Laserpointers sehr, sehr weit herunterfahren, würde er Licht sehr bald in einzelnen Photonen aussenden: als individuelle Lichtklümpchen. Stellen Sie sich Wasser vor, das aus einem Wasserhahn kommt. Dreht man den Hahn weit genug auf, erhält man einen kontinuierlichen Wasserstrahl. Denken Sie sich dies als Analogie zur Welle. Wenn man den Wasserhahn nun weit genug zudreht, kommen bald einzelne Tropfen heraus. Denken Sie sich dies als Analogie zum Photon. Ist Wasser also ein kontinuierlicher Strahl oder besteht es aus einzelnen Tropfen? Die Antwort lautet – beides. Es hängt davon ab, welche Umstände wir schaffen.

Jetzt kommt das Seltsame am Licht: Wenn man den Laser so weit herunterschaltet, dass einzelne Photonen herauskommen und ihn immer noch auf die zwei Spalte in der Blende richtet, kann man an der Wand sogar dann noch ein wellenartiges Interferenzmuster erhalten, wenn nur ein einziges Photon auf einmal durch einen Spalt geht. Eigentlich sollte man doch denken, für ein Interferenzmuster seien zwei Photonen nötig, wobei jeweils eines durch jeden Spalt geht – aber dem ist nicht so. Womit interferiert das einzelne Photon, wenn kein zweites Photon durch den anderen Spalt kommt? Physikalisch scheint es keinen Mechanismus zu geben, der eine Interferenz erzeugen könnte. Doch wenn man zwei Spalte hat und immer nur ein Photon auf einmal durch einen beliebigen Spalt gehen lässt, entsteht auch bei nur einem Photon auf einmal ein Interferenzmuster. Ein einzelnes Photon verhält sich so, als ginge es durch beide Spalte. Offensichtlich versagt auf der Quantenebene der gesunde Menschenverstand. Die Realität in der Quantenwelt ist definitiv sehr merkwürdig. Die „normalen Regeln" gelten dort anscheinend nicht. Dies ist ein Hinweis darauf, dass der gewöhnliche reduktionistische Materialismus nicht greift.

Stellen wir also eine weitere paradoxe Frage: Wenn etwas Wellenartiges wie das Licht sich auch wie ein Teilchen verhalten kann, kann sich dann auch ein Teilchen wie eine Welle verhalten? So lautete die Frage, die sich 1922 ein Doktorand der Physik stellte. Er hieß Louis de Broglie – und die Antwort sollte Ja lauten.

Wenn Sie eine Rakete in den Weltraum schicken wollen, dann berechnen Sie, wie viel Kraft oder Schub die Motoren beim Abheben erzeugen werden, und wenn diese Kraft größer ist als das Gewicht der Rakete, hebt sie ab. Die Rakete besteht aus Teilchen – Atomen – und nach de Broglies Theorie verfügen alle Atome über die Fähigkeit, sich wie Wellen zu verhalten, daher sollte also auch die Rakete wellenartige Eigenschaften haben. Die hat sie auch tatsächlich, doch die teilchenartigen Eigenschaften sind so viel stärker als die wellenartigen Eigenschaften, dass in der Praxis kein wellenartiges Verhalten auftreten wird. Sie brauchen sich also wegen der wellenartigen Eigenschaften keine Gedanken zu machen, und das bedeutet, sie können Ihre Rakete ohne Berücksichtigung der Quantenphysik bauen.

Die Wellenfunktion

Ein Teilchen von Quantengröße weist eindeutig wellenartige Eigenschaften auf. Die Berechnungen zur Vorhersage, wie ein Teilchen sich unter verschiedenen Bedingungen verhalten wird, erfolgen nach Quantengesetzen. Das schließt die Berechnung der „Wellenfunktion" eines Teilchens mit ein. Die Wellenfunktion ist normalerweise ein komplexes Muster aus einander überschneidenden Wellen. Kehren wir noch einmal zu dem Stein zurück, der in den See geworfen wurde. Vom Aufschlagpunkt gehen einfache konzentrische Kreise aus. Folgen Sie den Wellenkreisen, die am Ufer auf Sie zukommen. Sobald diese Wellen auf Hindernisse wie Baumstämme und Felsbrocken treffen, die in Ufernähe im Wasser liegen, wird das Muster immer komplizierter. Ähnlich ist auch die Wellenfunktion eines Teilchens, wie etwa eines einzelnen Atoms, ein sich entwickelndes Muster, das sowohl vom Typus des Teilchens als auch von seiner Umgebung abhängt. Weil die Wellenfunktion ein sich ausbreitendes Muster ist, kann man einen Teil davon in einer Quantenkiste, die ungefähr die Größe eines Atoms hat, „einfangen". Ja, man kann sogar einen Teil in einer Quantenkiste und einen weiteren Teil in einer benachbarten Kiste einfangen.

Die Millionenfrage lautet: Was ist die geheimnisvolle Wellenfunktion? Eine Wellenfunktion kann man nicht sehen. Sie ist noch nicht einmal ein „richtiges" Feld. Sie wird nach Quantengesetzen berechnet, um den Ausgang eines Experiments vorherzusagen. Man kann sie sich als eine Wahrscheinlichkeitswolke vorstellen, die besagt, wie wahrscheinlich es ist, dass man bei einer Messung ein bestimmtes Teilchen an einem bestimmten Ort vorfindet. Man ist verleitet, sich die Wellenfunktion als eine Art Feld vorzustellen, das ein Teilchen umgibt, aber das ist sie nicht. Die Wellenfunktion ist alles, was es von dem Teilchen gibt. Tatsache ist: Solange keine Messung vorgenommen wird, gibt es kein Teilchen. Führt man eine Messung durch – voilà, die Wellenfunktion verschwindet (kollabiert), und das

Teilchen erscheint irgendwo in der Region, in der es nach Angaben der Wellenfunktion auftauchen sollte.

Rosenblum und Kuttner betonen immer wieder: Die Wellenfunktion ist identisch mit dem Teilchen:

> In der Quantentheorie gibt es kein Atom, das zusätzlich zur Wellenfunktion des Atoms vorhanden wäre. Dies ist so entscheidend, dass wir es mit anderen Worten noch einmal sagen. Die Wellenfunktion des Atoms und das Atom selbst sind dasselbe; „die Wellenfunktion des Atoms" ist ein Synonym für „das Atom".

Stellen Sie sich ein dickes Holzscheit vor, das mit sehr starker Rauchentwicklung abbrennt. Der Rauch ist so dicht, dass das Scheit dahinter verschwindet. Wir sehen lediglich eine Rauchwolke. Denken Sie sich den Rauch als Wellenfunktion des Scheits. Aus der Sicht eines klassischen Physikers wüssten wir, dass irgendwo in dieser Rauchwolke ein brennendes Scheit steckt. Aus Quantensicht betrachtet, gibt es jedoch nur den Rauch, weil wir nur ihn sehen. In dem Rauch ist so lange kein brennendes Scheit, bis wir eine Messung vornehmen, etwa indem wir den Rauch mit einem Ventilator wegblasen.

Klassisch gesehen, offenbart das Wegblasen des Rauchs etwas, was schon immer vorhanden war: ein brennendes Scheit. Wird der Rauch jedoch quantenmechanisch weggeblasen, so *erzeugt* dies erst das brennende Scheit. Es ist extrem wichtig, dass dies verstanden wird: Die Wellenfunktion *ist* das Atom.

Wenn sich die Wellenfunktion eines Atoms auf zwei Kisten verteilt, sind wir dann dadurch zu der scheinbar unsinnigen Interpretation gezwungen, dass ein einziges Atom in beiden Kisten zugleich ist? Die Antwort lautet Ja. Experimente bestätigen dies. Eine Ausgabe der *Physics News* des *American Institute of Physics* aus dem Jahr

2003 titelte „3600 Atome an zwei Orten gleichzeitig". Tatsächlich kann sich ein Atom sogar zugleich in zwei entgegengesetzte Richtungen bewegen, weil eine Wellenfunktion dies kann und weil – um es noch einmal zu wiederholen – die Wellenfunktion das Atom *ist*.

Dies bedeutet aber nicht, dass man tatsächlich ein geisterhaftes halbes Atom in einer der Kisten sehen könnte, und zwar deshalb, weil das Sehen eines Atoms in der einen oder anderen Kiste bereits eine Messung darstellt. Sobald eine Messung vorgenommen wird, wirkt sich dies auf die Wellenfunktion aus (was als Zusammenbruch oder Kollaps der Wellenfunktion bezeichnet wird), und zwar so, dass sich ein ganzes Atom in der einen oder der anderen Kiste befindet. Die Gesetze der Quantenmechanik sind so, dass man die geisterhafte Wellenfunktion nicht direkt erleben kann, obwohl sie in dem Moment buchstäblich das Atom *ist*. Der Blick in eine der Kisten erschafft die Realität, dass das Atom sich darin befindet. Die Wellenfunktion verwandelt sich plötzlich in ein vollständiges Atom.

Entsprechend gilt: Bevor ein Blick zum Kollaps einer weiträumig verteilten Wellenfunktion an der bestimmten Stelle führt, an der sich das Atom befindet, hat das Atom dort nicht existiert. Der Blick hat die Existenz des Atoms an dieser bestimmten Stelle herbeigeführt – für alle Beteiligten. (*The Quantum Enigma*)

Der Prozess des Schauens – die Vornahme der Messung – erschafft aber nicht nur die gegenwärtige Realität, sondern auch die entsprechende vergangene Historie, die erforderlich ist, um die Zeit zwischen einer früheren und der jetzigen Messung zu überbrücken. Dies lässt sich anhand des berühmten Gedanken-Experiments mit Schrödingers Katze veranschaulichen – mit der Bitte um Entschuldigung an alle Katzenfreunde.

Schrödingers Katze

Stellen Sie sich eine Kiste vor, die Folgendes enthält: Einen Geigerzähler, eine winzige Menge radioaktives Material, ein kleines Fläschchen Blausäure, das mit einem federbetriebenen Hammer verbunden ist, und eine inaktive, dösende Katze. Nehmen wir an, die Menge des radioaktiven Materials sei so gering, dass ein Atom mit einer Wahrscheinlichkeit von fünfzig zu fünfzig innerhalb von einer Minute zerfällt. Dies würde wiederum im Geigerzähler ein Signal auslösen, das den Hammer ausklinkt, der das Fläschchen Blausäure zerschlägt, was leider zum Tod der Katze führt. (Es geht das Gerücht, dass dieses Experiment von Schrödingers Hund vorgeschlagen wurde.)

Fluor-17 ist ein radioaktives Element. Es zerfällt spontan zu Sauerstoff-17, und dies dauert im Schnitt eine Minute. Es gibt allerdings keine Garantie, dass eine Minute ausreicht. Es könnte auch sehr viel länger dauern; andererseits aber auch bereits nach wenigen Sekunden eintreten. Nehmen wir an, die radioaktive Apparatur in dem Experiment mit der Katzenkiste enthält ein einziges Atom Fluor-17. Nehmen wir weiter an, man gewinnt dies, indem man ein einziges Fluor-17-Atom aus einem Bündel extrahiert und neben den Geigerzähler legt. Danach wird die Kiste mit der tief schlafenden Katze fest verschlossen.

Gemäß der Quantenmechanik verändert sich die Wellenfunktion des Fluor-17-Atoms mit fortschreitender Zeit teils zu Fluor-17, teils zu dessen Zerfallsprodukt Sauerstoff-17. Diese Veränderung geht so vonstatten, dass die Wellenfunktion nach einer Minute zur Hälfte Fluor-17, zur anderen Hälfte Sauerstoff-17 ist. Das Atom befindet sich in einem Halb-und-halb-Zustand. Je mehr Zeit vergeht, desto stärker nimmt die Wellenfunktion die Eigenschaften von Sauerstoff-17 und desto weniger die von Fluor-17 an. In unserem Experiment ist der Übergang abgeschlossen, wenn die Wellenfunktion zusammenbricht und wir ein Atom Sauerstoff-17 haben, das den

Geigerzähler auslöst, der den Hammer ausklinkt, der das Fläschchen zerschlägt, was – unglücklicherweise – die Katze umbringt. Vergessen Sie nicht, dass die Wellenfunktion eigentlich das Atom ist, das sich, wenngleich auf nicht beobachtbare Weise, verändert. Die Quantenmechanik verbietet, dass ein solcher Zwischenzustand zu sehen ist. Sobald wir beschließen zu beobachten – das heißt, eine Messung vornehmen – erzwingt diese Beobachtung augenblicklich eine atomare Entscheidung. Wir finden dann entweder ein Sauerstoff-17 oder ein Fluor-17-Atom vor. Handelt es sich um Fluor-17, stellt der Akt des Beobachtens effektiv die Zeitschaltuhr zurück, die über den Zerfall des Fluor-17 bestimmt.

Nach Ablauf der Minute öffnen wir also die Kiste und finden entweder eine schlafende oder eine tote Katze vor. Der Prozess des Öffnens der Kiste stellt die Vornahme der Quantenmessung dar. Die Frage lautet: War die Katze in der vorangegangenen Minute lebendig oder tot? Befand sich die Katze in einem Halb-und-halb-Zustand, weil sich die Wellenfunktion des Atoms in einem Halb-und-halb-Zustand befand?

Die Quanten-Antwort lautet: Sie war sowohl lebendig als auch tot. Bis zur Vornahme der Messung befindet sich das gesamte System, einschließlich der Katze, in einem unbestimmten Zustand, was fachsprachlich als Superposition bezeichnet wird. In dem einen Zustand zerfällt das Atom nicht, der Geigerzähler klinkt den Hammer nicht aus, das Fläschchen zerbricht nicht, und die Katze döst weiter. Im anderen Zustand ist das Atom zerfallen, der Geigerzähler hat den Hammer ausgeklinkt, das Fläschchen ist zerbrochen, die Katze hat Pech und fortan nur noch acht Leben. Beide Situationen sind gleichermaßen halb-real.

Dies ist definitiv ein unwirkliches Experiment: Die Objekte sind bei weitem zu groß und die Zeit weitaus zu lang. Seid unbesorgt, Ihr Katzen dieser Welt. Dennoch besagen die Gesetze der Quantenmechanik unzweifelhaft, dass in dieser Minute im Prinzip die beiden widersprüchlichen potenziellen Realitäten koexistieren. Die Lösung, die Erschaffung der tatsächlichen Realität, tritt im Moment der Messung ein. Aber dieser Moment der Messung ergreift auch eine der beiden vorherigen potenziellen Realitäten und verwirklicht sie. Die tatsächliche Historie dieser Minute wird durch die Messung rückwirkend aufgefüllt. Die Katze könnte in der Kiste nach nur zehn Sekunden oder just in dem Moment, in dem wir sie geöffnet haben, gestorben sein. Wir können es unmöglich wissen. Doch was während dieser Minute geschehen ist, stand so lange nicht fest, bis wir die Messung vorgenommen haben.

Diese Erschaffung der Realität einschließlich der entsprechenden zurückliegenden Historie durch Messung ist für alle die, die Bewusstsein lieber als einen der üblichen, im Gehirn ablaufenden physikalischen Prozesse betrachten, die Leiche im Keller der Quantenphysik.

Wheelers Delayed-Choice-Experiment: Wenn Du an eine Weggabelung kommst, nimm beide!

Die rückwirkende Verursachung in dem Versuch mit Schrödingers Katze ist gewiss faszinierend, aber das Ganze bleibt ein Gedankenexperiment. Zum Glück für alle Katzen ist dieser Versuch in Wirklichkeit nicht durchführbar, gerade so, wie wir auch Münzen nicht im Stil der Stooges durch Quanten-Beobachtung zerschneiden oder zerhacken können. In beiden Fällen sind die gedanklich herausfordernden Konsequenzen der idealisierten Situationen völlig real, die Experimente als solche dienen jedoch rein der Veranschaulichung. Entsprechende Quanten-Experimente haben allerdings die dahinterstehenden Vorstellungen bestätigt. Erstaunlicherweise ist es bei einem neueren Experiment eines französischen Teams, über das 2007 in der Zeitschrift *Science* berichtet wurde, tatsächlich gelungen, eine echte Messung einer rückwirkenden Verursachung vorzunehmen.

Die Theorie hinter diesem sogenannten Delayed-Choice-Experiment (also einem Experiment mit „verzögerter Entscheidung") wurde 1978 von Archibald Wheeler, dem herausragenden amerikanischen Physiker und Kollegen Albert Einsteins, vorgeschlagen.

Abbildung 2 stellt sie vereinfachend dar. In allen Fällen fliegt ein Photon von links nach rechts durch eine Röhre. Bei (a) trifft das Photon auf einen „Regler", der auf Position 1 oder 2 eingestellt sein kann. Steht er auf Position 1, so teilt er dem Photon mit, dass bei der Abzweigung nach rechts eine Interferenz-Messung vorgenommen wird (hier aus Vereinfachungsgründen nicht dargestellt), was bedeutet, dass das Photon sich tunlichst in die geeignete Konfiguration zu begeben hat, damit dies möglich wird. Gehorsam teilt sich das Photon an der Gabelung in zwei geisterhafte Hälften, und jede Hälfte rast einen Tunnel entlang. Dies erzeugt das gewünschte Interferenzmuster.

Steht der Regler auf Position 2, so sagt dies dem Proton, dass ein Detektor den Austritt eines vollständigen Photons aus einem der beiden Tunnel messen wird. Gehorsam teilt sich das Photon dieses Mal nicht und nimmt einen der beiden Tunnel, wie in (b) und (c) dargestellt.

Dieses Verhalten mag uns recht merkwürdig vorkommen, doch Ursache und Wirkung scheinen in Ordnung. Betrachten Sie aber jetzt die Situation in Abbildung 3: Hier sind (a), (b) und (c) ganz ähnlich wie in Abbildung 2 – abgesehen davon, dass der Regler dem Photon erst sagt, auf welcher Position er steht, *nachdem* es die Gabelung passiert hat. In Abbildung 3(a) teilt sich das Photon, obwohl ihm erst nach dem Gabelungspunkt gesagt wird, dass es genau dies tun soll. Ähnlich tut das Photon auch in Abbildung 3(b) und (c) genau das, was bei einer Reglerstellung auf Position 2 für die bevorstehende Messung richtig ist, obwohl es erst nach Erreichen der Weggabelung wissen kann, auf welcher Position der Regler steht.

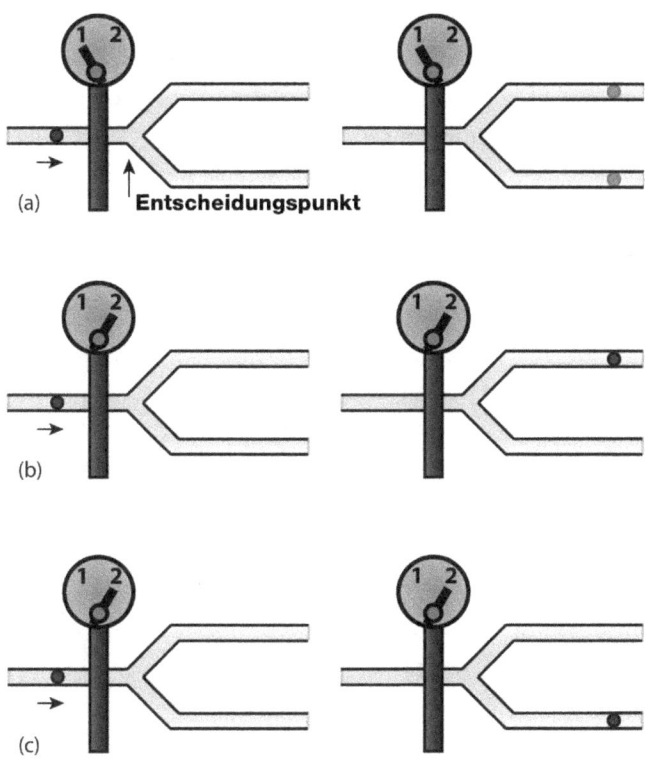

Abbildung 2

Zur Entscheidung, welche Messung vorgenommen werden sollte, benutzte das Team einen Zufallszahlengenerator. Auf einem hundertfünfzig Meter langen Weg und mit der Möglichkeit, in vierzig Milliardstelsekunden umzuschalten, konnte das Team mithilfe des Zufallszahlengenerators das Photon zwingen, seine Entscheidung bereits getroffen zu haben, bevor es wusste, was es zu tun haben würde.

Man könnte sagen, dass der Regler dem armen Photon in gewisser Weise rückwirkend sagen kann, was geschehen wird. Oder man könnte argumentieren, dass Bewusstsein die Macht hat, auf das ge-

samte System einzuwirken, um zu bekommen, was es messen will
– drauf gepfiffen, wie das im Einzelnen vor sich geht. (Würden wir
übrigens beschließen, bei den geisterhaften zweigeteilten Photonen
vorbeischauen zu wollen, würden wir ein einziges, ungeteiltes Photon in einem der beiden Tunnel zu sehen bekommen; denn Schauen
ist diese Messung.)

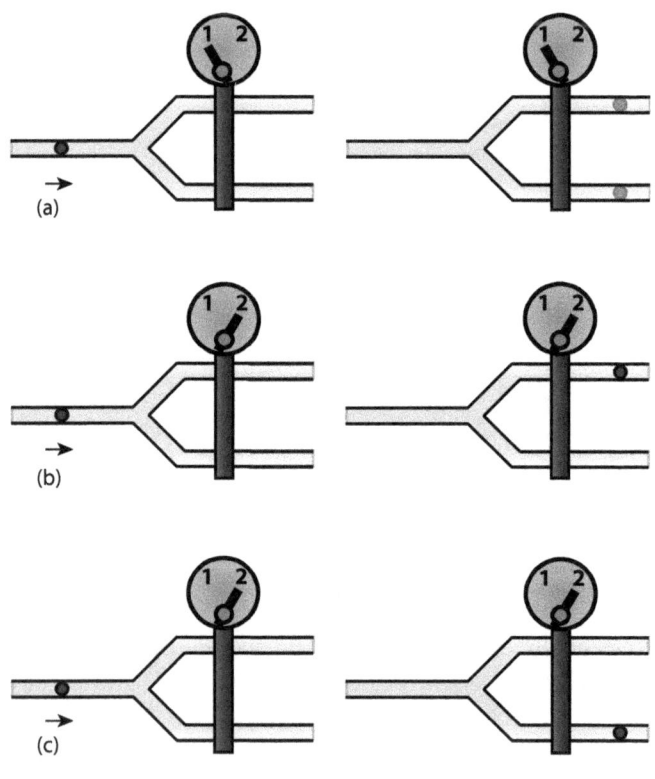

Abbildung 3

DIE VERBORGENE INTELLIGENZ IM UNIVERSUM

Bewusstsein

In Kapitel Acht werden wir sehen, dass eine neue und noch feiner ausgefeilte Version der sogenannten *Bellschen Ungleichung* – die *Leggett-Ungleichung*, die am Institut für Quantenoptik und Quanteninformation der Universität Wien durchgeführt und im April 2007 in *Nature* veröffentlicht wurde – eine verblüffende Bestätigung für die Leiche im Keller liefert. In seinem Bericht darüber schreibt der *New Scientist*:

> Neuere, von einer Forschergruppe an der Universität Wien in Österreich durchgeführte Experimente liefern die bisher zwingendsten Beweise dafür, dass es jenseits des Beobachteten keine objektive Realität gibt. Diese Vorstellung, dass nämlich unsere Messungen die Realität erzeugen, ist umstritten und kaum neu, doch die sich mehrenden Beweise dafür könnten wichtige Konsequenzen für die Suche nach der Weltformel haben.

Um die Sache auf den Punkt zu bringen: Die Quantenmechanik sagt uns, dass Bewusstsein Realität erschafft. Natürlich hat dies tiefgreifende Auswirkungen darauf, wie wir die Natur des Menschen sowie die scheinbar feststehende Realität verstehen, die wir für unser Universum halten – ja, sogar auch darauf, warum es sinnvoller sein könnte, alles auf eine bewusste Intelligenz zurückzuführen statt lediglich auf unbelebte Felder und Kräfte. Als Nächstes betrachten wir die Belege dafür, dass entscheidende Eigenschaften unseres Universums die Signatur einer bewussten Zweckbestimmung tragen.

3

DAS FEIN ABGESTIMMTE UNIVERSUM

Von nichts kommt nichts.

William Shakespeare, König Lear

Gibt es eine Intelligenz hinter dem Ursprung des Universums? Gibt es einen Sinn und Zweck seiner Existenz und unseres persönlichen Lebens? Oder ist das Universum bloß ein Zufall, etwas, das aus nichts entstand? Vielleicht bloß eines von einer unendlichen Anzahl von Universen, die irgendwie aus präexistenten Quantengesetzen hervorgegangen sind?

Beginnend mit der 1543 von Nikolaus Kopernikus veröffentlichten These, dass die Erde nicht der Mittelpunkt des Universums ist, hat sich in der Naturwissenschaft die Vorstellung durchgesetzt, die logischste Annahme sei, dass an der Erde oder unserer Stellung im Universum nichts Besonderes ist. Diese philosophische Position wird als das *Kopernikanische Prinzip* bezeichnet. Trotz seines formellen Namens ist es aber eine Vermutung, kein feststehendes Naturgesetz.

Das Kopernikanische Prinzip ist im Allgemeinen richtig. Das Sonnensystem ist in einer Galaxie angesiedelt, die aus mindestens hundert Milliarden weiterer Sterne besteht, in der Milchstraße. Die Sonne ist ein ziemlich durchschnittlicher Sternentyp, und wir befinden uns eher in den Randzonen der Galaxie, etwa dreißigtausend Lichtjahre vom Zentrum entfernt. Weil das Zentrum der Galaxie alle Anzeichen eines supermassereichen, Sterne verschlingenden Schwarzen Lochs aufweist, ist unsere Lage gar nicht so schlecht. Aber sie ist hundsgewöhnlich.

Wir sind an einem historisch sehr interessanten Punkt angelangt. Im Laufe der letzten zwanzig Jahre wurde entdeckt, dass unsere Lage im Universum allem Anschein nach zwar wenig außergewöhnlich, das Universum selbst jedoch durchaus etwas Besonderes ist. Dies ist eine Erkenntnis, deren Bedeutung von der Naturwissenschaft erst allmählich erfasst und die wegen ihrer Konsequenzen von den metaphysischen und spirituellen Denkern dieser Welt noch weniger geschätzt wird. Deshalb überrascht es nicht, dass es zwei radikal unterschiedliche Erklärungen für diese Besonderheit gibt.

Ein Universum, das für das Leben gemacht ist

Die Ansicht, die ich in diesem Buch vorstelle, bezeichne ich als die *Gottestheorie*. Sie hat keinerlei Ähnlichkeit mit dem sogenannten *Intelligent Design*, das behauptet, eine Intelligenz habe die Lebensformen erschaffen und entwickelt, und zwar alternativ zur darwinistischen Evolution. Die *Gottestheorie* hingegen akzeptiert den Urknall vor etwa 13,7 Milliarden Jahren, eine 4,6 Milliarden Jahre alte Erde und – wichtig – die darwinistische Evolution als Mittel zur Entwicklung des Lebens, wie bereits erwähnt, als Realität. Sie spricht eine sehr tief reichende Frage an, die die Wissenschaft nicht lösen kann: Ist das Universum als solches Zufall oder Absicht? Zu diesem

Thema hat die amerikanische Nationale Akademie der Wissenschaft wie folgt offiziell Position bezogen:

Religion und Naturwissenschaft beantworten unterschiedliche Fragen über die Welt. Ob es einen Sinn des Universums oder einen Sinn für die Existenz des Menschen gibt, sind keine Fragen für die Naturwissenschaft. ... Naturwissenschaft ist eine Methode zur Gewinnung von Erkenntnissen über die natürliche Welt. Sie ist darauf beschränkt, die natürliche Welt durch natürliche Ursachen zu erklären. Über das Übernatürliche kann die Naturwissenschaft nichts sagen. Ob Gott existiert oder nicht, ist eine Frage, zu der die Naturwissenschaft sich neutral verhält.

Das Universum ist ein erstaunlich lebensfreundlicher Ort. Dies mag seltsam klingen in Anbetracht dessen, wie dunkel, leer und abschreckend der Weltraum ist. Es gibt keinen blauen Himmel mit Sonnenschein, keinen sanften Sommerwind. Was haben die Apollo-Astronauten auf ihrem Weg zum Mond und zurück gesehen und erlebt?

Die Sonne schien, aber als eine harte, blendende Sonne an einem absolut schwarzen Himmel. Eine Sonne, die eine Seite des Raumschiffs bis über den Siedepunkt von Wasser hinaus erhitzte, während die im Schatten liegende Seite bei Temperaturen von über hundert Grad unter Null gefror. Dass das Raumschiff außerdem ohne Widerstand über dreißigtausend Stundenkilometer schnell fliegen konnte, lag an der fehlenden Luft. Der Weltraum ist ein ziemlich tiefes Vakuum, gut zum Durchflitzen, aber unwirtlich für das Leben.

Jenseits unseres Sonnensystems sind die Bedingungen sogar noch härter. Stellen Sie sich vor, sie flögen nicht bloß zweihundertneunzigtausend Kilometer zum Mond und noch nicht einmal mehrere Milliarden Kilometer zu den äußersten Planeten Uranus, Neptun und Pluto, der ja inzwischen kein vollwertiger Planet mehr ist, sondern nur noch ein Zwergplanet, aber dennoch einen guten Außenposten an den Grenzen des Sonnensystems abgibt. Fliegen Sie stattdessen zehn Billionen Kilometer, die halbe Strecke zum nächstgelegenen Stern, Alpha Centauri. Schauen Sie aus dem Fenster Ihres Raumschiffs, dann sehen Sie die Sonne nur noch als einen von vielen punktförmigen Sternen an einem rabenschwarzen Himmel. Von Hitze kann keine Rede sein, es gibt kein anderes Licht als das der stecknadelkopfgroßen Sterne und ein sogar noch perfekteres Vakuum als das zwischen der Erde und dem Mond.

Die Temperatur, die ein Thermometer anzeigen könnte, liegt lediglich knapp drei Grad über dem absoluten Nullpunkt. Diese Temperatur, minus zweihundertsiebzig Grad, kommt von dem schwachen Glühen, das vom Urknall, der das Universum in Gang gesetzt hat, noch übrig ist. Dieses Glühen ist mit bloßem Auge nicht wahrnehmbar, aber mit Radioteleskopen messbar.

Kalt, dunkel, leer … mit Billionen Kilometern Leere zwischen den Sternen. Inwiefern ist das Universum lebensfreundlich? Die Freundlichkeit liegt in den Naturgesetzen. Es gibt mindestens zehn grundlegende Eigenschaften des Universums, die zusammengenommen genau die richtigen Werte haben, um Leben zu ermöglichen.

Das Verhältnis der Schwerkraft zur elektrischen (Coulomb-) Kraft

Die erste günstige Eigenschaft beinhaltet zwei Naturkräfte, die wir Tag für Tag erleben. Elektrizität wird erzeugt, wenn Elektronen durch einen Leiter fließen. In jedem Haus fließen elektrische Ströme aus Elektronen mit fünfzig (in Amerika sechzig) Zyklen pro Minute durch Leitungen und Steckdosen hin und her. Elektrizität funktioniert, weil Elektronen eine negative Ladung tragen. Andererseits ziehen Elektronen Protonen an, die mit der exakt gleichen Stärke positiv geladen sind.

Elektronen und Protonen sind Materieteilchen. Das bedeutet, dass es zusätzlich zur elektrischen Kraft (der sogenannten *Coulomb-Kraft*) eine fast unendlich kleine Gravitationskraft zwischen Elektronen und anderen Elektronen oder zwischen Elektronen und Protonen gibt. Das Verhältnis zwischen der Gravitationskraft und der elektrischen Kraft ist der erste Schlüsselwert, der dem Leben den Weg bereitet.

Wäre die Gravitationskraft im Verhältnis zur elektrischen Kraft um das Zehnfache stärker als sie tatsächlich ist, dann wären die Sterne kleiner und hätten eine kürzere Lebensdauer. Unsere Sonne ist etwa 4,6 Milliarden Jahre alt und hat damit etwa die Hälfte ihres Lebens hinter sich. In einem Universum mit stärkerer Gravitationskraft – im Verhältnis zur elektrischen Kraft betrachtet – wäre die Sonne inzwischen ausgebrannt, was den Zeitraum für die Evolution des Lebens auf der Oberfläche eines beliebigen Planeten in einem solchen Sonnensystem beträchtlich verkürzt.

Auch die Planeten wären betroffen. Sie wären wahrscheinlich kleiner und dichter, bei höherer Oberflächengravitation. Falls es überhaupt irgendwelche Kreaturen geschafft hätten, sich trotz der begrenzten Zeitspanne zu entwickeln, dann wären sie weitaus kleiner als wir.

Galaxien wären ebenfalls tangiert. Unsere Sonne ist Bestandteil der windrädchenförmigen Milchstraße, die mindestens hundert Milliarden Sterne enthält. Doch in einem Universum mit stärkerer Gravitationskraft wären die Galaxien kleiner und die Sterne näher beieinander. Dies hätte zur Folge, dass Sterne manchmal so nahe aneinander vorüberzögen, dass dadurch die Umlaufbahn von Planeten gestört würde. Dies wiederum würde wahrscheinlich das Klima eines Planeten verändern – nicht gerade gut, wenn man langfristig stabile Bedingungen haben will, damit sich Leben entwickeln kann.

Angesichts einer verkürzten Lebensdauer von Sternen, veränderten Oberflächenbedingungen erdähnlicher Planeten und Störungen durch benachbarte Sterne ist es unwahrscheinlich, dass Leben in der heute bekannten Form entstanden wäre, wenn die Schwerkraft im Verhältnis zur elektrischen Kraft wesentlich stärker wäre als sie tatsächlich ist.

Wäre die Gravitation andererseits wesentlich schwächer, würden sich wesentlich weniger Sterne bilden und damit auch weniger Planeten, auf denen Leben entstehen könnte.

Die Kernkraft

Sterne, die bewohnbaren Planeten als Sonnen dienen, sind für das Leben ein notwendiges Umfeld. Kernreaktionen liefern Sternen Energie. Wie Einstein 1905 entdeckt hat, kann Materie in Energie umgewandelt werden – und umgekehrt. Dies ist entscheidend für die Existenz von Sternen. Hierher rührt ihre Energie.

Sterne beginnen ihr Leben als riesige, sich zusammenziehende Gaswolken, die in erster Linie aus Wasserstoff bestehen. Wasserstoff ist das einfachste Element, die Nummer Eins im Periodensystem. Es besteht aus einem Proton (dem Kern) und einem Elektron. Während das Gas aufgrund seiner eigenen Schwerkraft komprimiert, schrumpft die Gaswolke allmählich zu einem runden Stern. Dieser erhitzt sich und wird in seinem Zentrum extrem dicht. Im Inneren des Sterns werden Elektronen von den Protonen abgespalten und bewegen sich frei umher. Sobald das Gas die hundertfache Dichte von Wasser und eine Temperatur von etwa zehn Millionen Grad Celsius erreicht hat, setzen die Kernreaktionen ein. In einem vielstufigen Prozess werden mehrere Wasserstoffkerne (die jeweils aus nur einem einzigen Proton bestehen) zu Helium umgewandelt, dem zweiteinfachsten Element, dessen Kern aus zwei Protonen und zwei Neutronen besteht. (Dies ist deshalb möglich, weil im Laufe eines Teils des Prozesses zwei Protonen in zwei Neutronen umgewandelt werden.) Abbildung 4 zeigt schematisch die Input- und Output-Produkte der häufigsten Variante der Proton-Proton-Fusionskette, die der Sonne ihre Energie liefert.

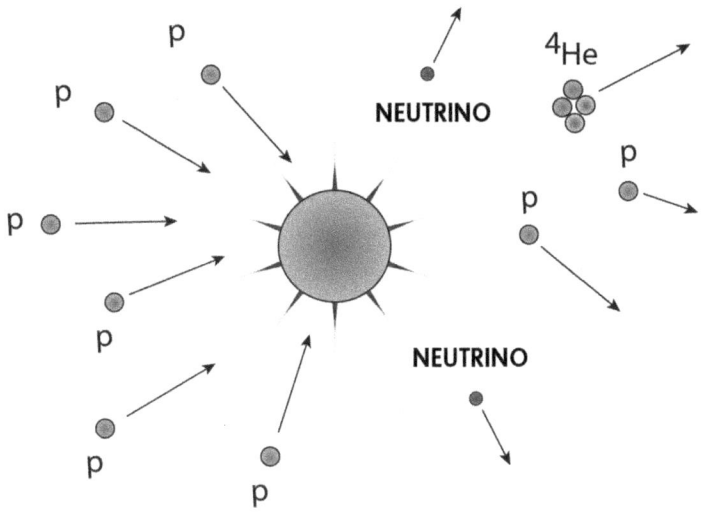

Abbildung 4

Die zwei Protonen und zwei Neutronen, die einen Heliumkern bilden, sind durch die Kernkraft, die sie zusammenhält, eng aneinander gebunden. Dies ist anders als bei einem Wasserstoff-Kern, der ja nur aus einem einzigen Proton besteht, weshalb keine Bindung von Protonen und Neutronen durch die Kernkraft erforderlich ist. Diese durch die Kernkraft ausgelöste Bindung setzt Energie frei. Anders betrachtet, kann man sagen: Die Masse des resultierenden Heliums ist geringfügig niedriger als die Summe der ursprünglichen Wasserstoffkerne, nämlich um 0,7 Prozent. Diese 0,7 Prozent Verlust werden – über Einsteins $E = mc^2$ – zu der Energie, die einen Stern zum Leuchten bringt.

Die Umwandlung von Wasserstoff zu Helium findet in mehreren Stufen statt, wobei Zwischenprodukte entstehen. Das erste ist das Deuterium, ein schwerer Wasserstoff, der aus einen Proton und einem Neutron besteht. Danach entsteht Helium-3, leichtes Helium aus zwei Protonen und einem einzigen Neutron. Damit diese

Zwischenprodukte entstehen können, ist die Stärke der Kernkraft entscheidend.

Ausschlaggebend ist insbesondere die erste Reaktion in der Kette, bei der Deuterium entsteht. Die beiden Protonen kollidieren und haften dank der Kernkraft aneinander. Dann wird ein Proton zu einem Neutron, und schon hat man Deuterium. Wäre die Kernkraft zehn bis zwanzig Prozent stärker als sie tatsächlich ist, wäre diese Reaktion bereits im Urknall so effizient abgelaufen, dass der gesamte Wasserstoff im frühen Universum in Deuterium umgewandelt worden und mithin kein Wasserstoff als Energielieferant für Sterne übrig geblieben wäre – mit der Folge, dass es keine Sterne gegeben hätte.

Wäre die Kernkraft andererseits um zehn bis zwanzig Prozent schwächer, wäre das Deuterium instabil und der Rest des Umwandlungsprozesses von Wasserstroff zu Helium kurzgeschlossen worden. Die Sterne könnten die Kernenergie, die sie zu ihrem Betrieb brauchen, nie anzapfen. In diesem Fall würden die Sterne wahrscheinlich zu schwarzen Löchern kollabieren, statt durch Freisetzung von Kernenergie zu leuchten.

Die Dichte der Materie

Jahrtausendelang glaubte man, die Erde befinde sich im Mittelpunkt des Kosmos. Sonne, Mond und fünf weitere Himmelslichter, die als Planeten bezeichnet wurden, umkreisen die Erde mit unterschiedlicher Geschwindigkeit. Konstellationen aus etwa zehntausend Lichtern – Sterne genannt – zogen um die Erde. Dies war das Universum des Alten Ägypten, Babylons, Griechenlands, Roms und des mittelalterlichen Europas. Niemand wusste, wie groß es war, wahrscheinlich aber nicht viel größer als bekannte Entfernungen auf der Erde. Über dem Sternenfirmament befand sich der Himmel. … Die Hölle hingegen lag vermutlich tief unten in den Eingeweiden der Erde.

Das heutige Universum sieht deutlich anders aus. Selbst das Sonnensystem ist sehr viel größer als das Universum, das man sich in der Antike vorstellte. Der äußerste Rand unseres Sonnensystems ist mehrere Milliarden Kilometer von der Sonne entfernt. Von dort sind es weitere vierzig Billionen Kilometer bis Alpha Centauri, unserem nächstgelegenen Nachbarstern auf der Milchstraße. Unsere Galaxie hat einen Durchmesser von etwa einer Milliarde Billionen Kilometer. Es gibt im Universum etwa so viele Galaxien wie Sterne in der Milchstraße: mehrere hundert Milliarden. Die Größe des gesamten Universums ist unfassbar und lässt sich nur in abstrakten Zahlenbegriffen ausdrücken: etwa neunhundert Milliarden Billionen Kilometer.

Geboren in einem unvorstellbaren Feuerball von Trilliarden Grad Celsius – dem Urknall –, dehnt sich das Universum seit 13,7 Milliarden Jahren aus. Der Astronom Edwin Hubble entdeckte in den 1920er Jahren, dass eine Galaxie umso schneller zurückweicht, je weiter sie von uns entfernt ist. Sie können sich das in etwa so vorstellen wie bei einem Ballon, den man aufbläst. In ausreichend großer Entfernung ist diese Zurückweichgeschwindigkeit schließlich gleich Lichtgeschwindigkeit. Dies ist unsere Sichtbarkeitsgrenze, der *Hubble-Horizont*. Wie ein Fisch, der versucht, gegen eine schnelle Strömung flussaufwärts zu schwimmen, kommt das Licht uns niemals näher, sondern weicht bis in alle Ewigkeit zurück. Mit unseren stärksten Instrumenten werden wir immer nur bis dorthin sehen können – und nicht weiter.

In gewissem Sinne wissen wir unermesslich viel mehr über das Universum als in der Antike. Auf eine merkwürdige Weise wissen wir aber auch weniger. Die antiken Menschen haben vielleicht nicht durchschaut, wie das Universum funktioniert, aber sie glaubten mit Gewissheit, dass sie es in seiner Gesamtheit sehen konnten: Sonne, Mond, die fünf Planeten und mehrere tausend Sterne.

Doch heute besteht unser Universum zu fünfundzwanzig Prozent aus dunkler Materie. Wir können sie selbst mit unseren besten Instrumenten nicht sehen, doch das Gravitationsverhalten von Galaxien und Galaxienhaufen zeigt unmissverständliche Indizien dafür, dass es sie gibt. Etwas Großes beeinflusst die Bewegung von Sternen und Galaxien. Wir haben keine Ahnung, was es ist. Es könnten neue Teilchenarten sein. Oder etwas ganz anderes. Das weiß niemand.

Von ihrer Rätselhaftigkeit abgesehen, ist die dunkle Materie auch deshalb wichtig, weil sie die Hauptkomponente für die Bestimmung der durchschnittlichen Dichte des Universums ist. Wenn man sich vorstellt, man würde alle Atome in den Sternen, in den Planeten sowie in den Gas- und Staubwolken im interstellaren Raum gleichmäßig im ganzen Universum verteilen, erhielte man im Durchschnitt etwa ein einziges Atom in einem Raum von der Größe eines kleinen Schranks. So viel lässt sich auf den bekannten Materietypus zurückführen.

Es gibt etwa fünfmal so viel dunkle Materie. Sowohl die normale als auch die dunkle Materie üben Schwerkraft aus, was dem sich ausdehnenden Universum einen anziehenden Zug verleiht. Wenn man weiß, wie schnell das Universum sich ausdehnt, kann man berechnen, wie viel Materie – normale und dunkle – es geben müsste, damit das Universum sich nicht weiter ausdehnt. Diese Materiemenge wird als kritische Dichte bezeichnet – die Menge, die gerade ausreicht, um die Ausdehnung zum Stillstand zu bringen, jedoch nicht so viel, dass das Universum in sich zusammenfällt. Hätte das Universum im Durchschnitt die kritische Dichte, würde es sich immer langsamer ausdehnen, bis es zu einem unendlich weit in der Zukunft liegenden Zeitpunkt zum Stillstand kommt. Bei mehr als der *kritischen Dichte* würde das Universum kollabieren.

Wie sich herausstellt, beträgt die tatsächliche Dichte etwa dreißig Prozent der kritischen Dichte. Wenn man aber zeitlich rückwärts extrapoliert, bedeuten dreißig Prozent der kritischen Dichte heute 99,999999999999999 Prozent der kritischen Dichte eine Sekunde nach dem Urknall. Dies liegt erstaunlich dicht an hundert Prozent, gemäß dem britischen Kosmologen Sir Martin Rees tatsächlich sogar ein Teil in einer Million Milliarden.

Hier liegt die erstaunliche Feinabstimmung. Hätte die Dichte unmittelbar nach dem Urknall nur 99,9 Prozent der kritischen Dichte betragen, ohne die vielen Neunen an den übrigen Dezimalstellen, wäre sie heute um viele Größenordnungen geringer. Dies hätte zur Folge, dass das Universum sich zu schnell ausdehnen würde, als dass sich Sterne und Galaxien bilden könnten.

Hätte sie umgekehrt ganz am Anfang nur um den Bruchteil eines Prozents über hundert Prozent der kritischen Dichte gelegen, wäre das Universum bereits vor langer Zeit kollabiert.

Daher stehen wir also vor folgender Situation: Wäre die Gesamtdichte der Materie im Universum ganz am Anfang höher oder niedriger gewesen, als sie es tatsächlich war – auch nur um einen absolut verschwindend geringen Prozentsatz – hätten wir entweder ein lebloses Universum mit schwarzen Löchern statt Sternen, oder das Universum wäre lediglich von einem schwachen Gas erfüllt statt von Sternen und Planeten. Bei einem Unterschied von einem Millionstel eines Millionstelprozents in der einen oder anderen Richtung zum Zeitpunkt des Urknalls wäre das Universum so oder so dem Untergang geweiht gewesen. Dies ist eine beeindruckende Feinabstimmung.

Das Verhältnis von normaler zu dunkler Materie

Wie der *New Scientist* in seiner Ausgabe vom 6. Dezember 2008 berichtet, hat die Tatsache, dass etwa fünf bis sechs Mal mehr dunkle Materie als normale Materie vorhanden ist, beträchtliche Bedeutung. Dieses Verhältnis begünstigt die Bildung von Galaxien – deren Sterne mit einiger Wahrscheinlichkeit Planeten haben werden. Weil sich aber normale Materie und dunkle Materie „kurz nach dem Urknall wahrscheinlich durch radikal unterschiedliche Prozesse gebildet haben", gibt es keinen ersichtlichen Grund, warum ihr Verhältnis so eng sein sollte. Die dunkle Materie hätte die gewöhnliche Materie ebenso gut um das Tausend- oder Millionenfache übertreffen können. Damit verbuchen wir einen weiteren glücklichen Zufall, der die Bildung Leben tragender Planetenoberflächen begünstigt.

Das noch größere Rätsel: dunkle Energie

Ein noch geheimnisvollerer Gast als die dunkle Materie kam 1998 zum Mahl: Dunkle Energie – etwas völlig anderes als Materie.

Jahrzehntelang haben Astronomen die Ausdehnung des Universums mit zunehmend größerer Präzision gemessen. Die Standardfrage lautete: Würde das Universum sich trotz der gravitativen Selbstanziehung aller Materie immer weiter ausdehnen, oder würde diese Anziehung am Ende den Sieg davontragen und das Universum in einem umgekehrten Urknall wieder in sich zusammenziehen – sozusagen *Big Crunch* statt *Big Bang*?

Doch niemand hätte ernstlich in Betracht gezogen, was die riesigen Teleskope, die systematisch die Spektren explodierender Sterne, sogenannter Supernovae, messen, zeigen sollten: Dass nämlich keineswegs eine Verlangsamung durch gravitative Selbstanziehung eintrat, sondern irgendetwas die Ausdehnung des Universums immer mehr beschleunigte. Dieses Etwas wird als *dunkle Energie* bezeichnet. Wie die dunkle Materie, können wir auch sie nicht sehen. Doch während die dunkle Materie zwar ein unbekannter Stoff ist, gehorcht sie doch immerhin dem Gesetz der Schwerkraft. Dunkle Energie hingegen ist ein doppeltes Rätsel. Wir wissen nicht nur nicht, was sie ist, wir wissen auch nicht, wie sie es fertigbringt, das Gesetz der Schwerkraft auszuhebeln und die Dinge auseinanderzuschieben. Sie verhält sich wie Anti-Schwerkraft. Und um dem Ganzen noch die Krone aufzusetzen, macht die dunkle Energie siebzig Prozent des Universums aus.

Eine geringfügige Erhöhung der Menge der dunklen Energie hätte das Universum zu einer riesigen Ausdehnung ohne Sterne und

Planeten aufgeblasen. Um das Leben wäre es dann schlecht bestellt gewesen.

Quantenklumpen

Hätte der Urknall das Universum in einen reibungslosen und gleichförmigen Ausdehnungszustand versetzt, dann enthielte es heute dunkle Materie sowie verdünnten Wasserstoff und Helium in der zuvor beschriebenen Dichte von einem Gasatom in einem schrankgroßen Raum. Aber es gäbe keine Sterne, keine Galaxien, keine Planeten und keine schwereren Elemente.

Zum Glück ergaben die Nachwirkungen des Urknalls aus irgendeinem Grund kein vollkommen gleichförmiges Universum. Es traten kleine Verklumpungen ein; sie begannen als Quantenfluktuationen, deren Effekte durch die Schwerkraft verstärkt wurden. Wären diese Verklumpungen jedoch um den Faktor zehn größer oder kleiner gewesen, wäre das Universum nicht bewohnbar geworden.

Wäre es ums Zehnfache stärker verklumpt gewesen, hätten wir ein Universum voller riesiger schwarzer Löcher mit der Masse einer ganzen Galaxie oder mehr. Wäre es um das Zehnfache weniger verklumpt gewesen, hätten sich Galaxien wohl gar nicht erst bilden können. Die Sterne lägen weiter auseinander, daher würden sich die schweren Elemente, die in einer ersten Sternengeneration erzeugt werden – insbesondere Kohlenstoff und Sauerstoff, die für das Leben essenziell sind – mit wesentlich geringerer Wahrscheinlichkeit zu Sternen der zweiten und dritten Generation – wie unserer Sonne – verdichten und zugleich das Rohmaterial für die Entstehung von Planetensystemen liefern.

Die Chemie des Lebens: Kohlenstoff und Sauerstoff

Das gesamte uns bekannte Leben basiert auf Kohlenstoff. Woher kommt Kohlenstoff? Er wird in den massiveren Sternen gebildet, deren Kernreaktionen über das Stadium der Umwandlung von Wasserstoff zu Helium hinausgehen und die schließlich, wenn sie ihr Leben in einer Supernova-Explosion beenden, schwere Elemente wieder ins Universum hinausschleudern. Die Umwandlungsschritte sind: Wasserstoff zu Helium, dann Helium zu Beryllium und schließlich Helium und Beryllium zu Kohlenstoff. Aber Beryllium ist sehr instabil und zerfällt schnell, daher sollte dieser letzte Schritt eigentlich kaum einmal vorkommen: Es sei denn, die Natur hätte für eine merkwürdige Energieresonanz gesorgt, aufgrund derer die Reaktion so rasch erfolgt, dass Kohlenstoff schon gebildet wird, bevor das Beryllium zerfallen kann. Deshalb haben wir Kohlenstoff im Universum, und dieser wiederum ist die entscheidende Zutat für das Leben.

Dies führt zu einem weiteren glücklichen Umstand der umgekehrten Art. Man könnte mit Fug und Recht eine ähnliche Resonanz erwarten, die dazu führt, dass Kohlenstoff schnell reagiert und Sauerstoff entsteht, womit kein Kohlenstoff mehr übrig bleibt. Aber eine solche Resonanz gibt es nicht. Die Natur konspiriert, so dass in massiven Sternen ein wenig Sauerstoff entsteht, aber nicht genug, um den entscheidend wichtigen Kohlenstoff auszulöschen. Im Endergebnis erhalten wir genau die richtigen Mengen Kohlenstoff und Sauerstoff, und beide sind die essenziellen Elemente für das Leben.

Die ganz normale außergewöhnliche Flüssigkeit: Wasser

Selbst gewöhnliches Wasser hat einige seltsame Eigenschaften, die für das Leben ausschlaggebend sind. Mit hundert Grad Celsius ist sein Siedepunkt höher als der vergleichbarer Flüssigkeiten. Dadurch kann Wasser in einem Temperaturbereich als Flüssigkeit agieren, der biologischen Strukturen zuträglich ist.

Auch seine Gefrier-Eigenschaften sind ein glücklicher Zufall. So schreibt der Wissenschaftsjournalist Robert Matthews im britischen *New Scientist*:

> Dass festes Wasser – Eis – die Konvention bricht, indem es nämlich weniger dicht ist als im flüssigen Zustand, hat verhindert, dass die Meere von unten nach oben gefroren und fest wurden, womit alles marine Leben ausgelöscht worden wäre.

Die Eiswürfel, die in unseren Getränken schwimmen, statt auf den Boden zu sinken, erinnern uns ebenfalls daran, dass die Gesetze des Universums ziemlich speziell sind.

Noch verwunderlicher ist, dass Nullpunkt-Energie die Bindungen zwischen Wasserstoff und Sauerstoff im Wasser-Molekül gerade so weit dehnt, dass die Wasserstoff-Atome sich mit Molekülen in der Umgebung leichter verbinden können. (Die Nullpunkt-Energie ist das durch Quantenfluktuationen entstandene, allem zugrunde liegende Energiemeer, siehe *www.calphysics.org/zpe.html* oder *Warum Gott nicht würfelt*.) Felix Franks von der Cambridge University weist darauf hin, dass man beim Austausch von Wasserstoff gegen sein schwereres Isotop Deuterium eine Flüssigkeit erhält – schweres Wasser – die chemisch identisch, jedoch für sämtliche Lebewesen, bis auf die primitivsten, giftig ist. Frank sagt: „Der einzige Unterschied liegt in der Nullpunkt-Energie."

Ohne dies überinterpretieren zu wollen: Es ist interessant, dass Nullpunkt-Energie über ihre Rolle bei der Dehnung der Wasserstoffbindung im Wasser indirekt an der Biologie beteiligt sein könnte.

Was ist schwerer: Neutron oder Proton?

In einem Artikel im *New Scientist* betont Paul Davies, es sei sehr wichtig, dass das Neutron um 0,1 Prozent schwerer ist als das Proton. Wäre es anders herum, hätten sich alle aus dem Urknall hervorgegangenen Protonen längst zu Neutronen umgewandelt, womit die Bildung von Atomen ausgeschlossen gewesen wäre. Ohne Atome wiederum gäbe es das uns bekannte Universum nicht. Nach Lage der Dinge sind Neutronen stabil, wenn sie Teil eines Atomkerns sind, zerfallen jedoch im freien Zustand schnell in Protonen, Elektronen und Neutrinos. Zur Bildung von Sternen und anderer Materie waren jedoch dauerhaft stabile Protonen erforderlich.

Wo ist die Antimaterie geblieben?

Jedes Grundteilchen der Materie hat einen gleichwertigen, entgegengesetzten Zwilling aus Antimaterie. Das Positron ist ein positiv geladenes Elektron. Ein Antiproton ist ein negativ geladenes Proton, das aus Antiquarks besteht. Im Prinzip sind für alle Elemente Antimaterie-Atome möglich. Planeten und Sterne aus Antimaterie wären genauso wie Planeten und Sterne aus normaler Materie. Es gibt keinen Grund, warum es keine Antimenschen geben sollte. Als das Universum im Urknall erschaffen wurde, sollte Materie und Antimaterie in gleicher Menge erschaffen worden sein. Das Problem ist, dass Materie und Antimaterie sich bei einem Aufeinandertreffen sofort und vollständig gegenseitig zerstören, was zu einem Energieausbruch führt. Deshalb hätten wir kein lebensfreundliches oder vielmehr überhaupt kein Universum, wenn Materie und Antimaterie in gleicher Menge erschaffen worden wären. Wir hätten ein Universum aus lauter Energie und gänzlich ohne Materie.

Außerdem wissen wir, dass die Sterne und Galaxien, die wir im Universum sehen, aus Materie statt aus Antimaterie bestehen müssen, weil es im Weltraum überall Wasserstoffatome und andere Gase gibt. Bestünde die Hälfte davon aus Antimaterie, gäbe es ständig Kollisionen zwischen Materie und Antimaterie, und Astronomen würden Annihilationssignaturen sehen.

Aus dem, was wir über den Urknall wissen, lässt sich ableiten, dass es pro dreißig Millionen Antimaterie-Teilchen dreißig Millionen und ein Materie-Teilchen gegeben haben muss. Im Durchschnitt haben sich die dreißig Millionen Materie-Antimaterie-Paare vollständig vernichtet, womit durchschnittlich ein Teilchen normaler Materie übrig blieb. Aus diesem jeweils einen Teilchen, das von je dreißig Millionen übrig blieb, ist unser Universum entstanden. Warum diese erstaunliche, beinahe – aber nicht ganz – vollständige Auslöschung? Das weiß niemand.

Was soll man davon halten?

Ich schlage vor, dass diese zufälligen, „genau richtigen" Naturgesetze auf einen Schöpfer hindeuten. Argumente für die Existenz eines Schöpfers, die sich auf den offensichtlich komplexen Plan alles Lebendigen und Nichtlebendigen stützen, reichen weit zurück, zweifellos bis in die Vorgeschichte. Heute läuft das unter der Bezeichnung Intelligent Design, wobei das Eintreten für diese Sache neuerdings sehr stark politisch motiviert ist. Doch von der Astrophysik bis zur Biologie haben wir adäquate natürliche Ursachen für die reiche Vielfalt auf der Erde und im Kosmos gefunden (zunächst einmal in Anbetracht der richtigen Naturgesetze). Die darwinistische Evolution hat eine beeindruckende Erklärungskraft. Ob Beispiele einer sogenannten nichtreduzierbaren Komplexität – bestimmte biologische Systeme, die zu komplex erscheinen, als dass sie sich aus einfacheren Vorgängern hätten entwickeln können und die ebenfalls zu komplex sind, um durch Zufallsmutationen natürlich entstanden zu sein – sich als vorübergehende Ablenkung oder fatale Fehler in der Evolution erweisen, ist ein Thema, auf das hier nicht näher eingegangen werden soll. Die Frage lautet, ob die grundlegenden Eigenschaften des Universums, die Naturgesetze, eine Besonderheit darstellen, deren Resultat, ja womöglich sogar deren *Sinn und Zweck*, die Existenz von Leben ist.

Es ist unumstritten, dass die besonderen Eigenschaften, von denen hier die Rede ist, bemerkenswert sind. Carl Sagan spielte zum Teil darauf an, obwohl sie damals noch gar nicht so bekannt waren. Es sind Bücher von Autoren wie dem britischen Kosmologen Sir Martin Rees (*Just Six Numbers: The Deep Forces That Shape the Universe*) und dem Stanford-Physiker Leonard Susskind (*The Cosmic Landscape: String Theory and the Illusion of Intelligent Design*), die diese zufälligen Eigenschaften für erwiesen halten.

Das Ausmaß, in dem Wissenschaftler diese zufälligen Eigenschaften ernst nehmen, lässt sich vielleicht daran ermessen, was sie zu ihrer Erklärung zu postulieren bereit sind. Dies beginnt bei der aus ihnen abgeleiteten Existenz weiterer unentdeckbarer Universen, und zwar in einer ungeheuren Anzahl, die sich auf eine Eins mit fünfhundert Nullen beläuft. Um dies ins richtige Verhältnis zu setzen: Die Anzahl der im Universum vorhandenen Atome beläuft sich auf lediglich Zehn mit achtzig Nullen – vergleichsweise im Grunde gar nichts.

Dabei ist dies nur der untere Wert! Die Obergrenze liegt buchstäblich bei einer unendlichen Anzahl weiterer Universen. Was bringt Ihnen das?

Kehren wir zum kopernikanischen Prinzip zurück. Im Grunde

besagt es, wenn etwas einzigartig oder besonders erscheint, dann handelt es sich mit großer Sicherheit um einen Beobachtungsfehler. Allem Anschein nach geht die Sonne einmal am Tag um die Erde. So sieht es auf jeden Fall aus, und für unsere Vorfahren war dies der eindeutige Beweis dafür, dass die Erde etwas Besonderes ist, weil sie im Zentrum des Weltalls steht. Tatsächlich aber rotiert die Erde – mehr ist an der ganzen Sache nicht dran.

Gemäß dem kopernikanischen Prinzip würde eine Erklärung unseres besonderen Universums etwa folgendermaßen lauten: Ja, es hat den Anschein, als seien wir und das Universum füreinander gemacht, aber das heißt nicht, dass unser Universum so geplant war. Es heißt lediglich, dass es sehr viele weitere Universen geben muss, die anders sind als unseres. Ja, es muss Universen mit allen möglichen Charakteristika geben, mit einer ganzen Palette an Eigenschaften, gleich welche es seien. Da aber jene anderen Universen für das uns bekannte Leben nicht bewohnbar sind, könnten wir uns auch nie in einem solchen Universum befinden. Wir haben nur in diesem Universum entstehen können, deshalb befinden wir uns hier.

Dies ist ein logisches Argument. Aber man ist gezwungen, die Präexistenz irgendwelcher Gesetze oder Felder zu akzeptieren. Quantenfluktuationen, die oft als der Ursprung unseres Universums gelten, können nicht ohne Quantengesetze auftreten.

Auch die Annahme einer riesigen, vielleicht sogar unendlichen Anzahl weiterer unentdeckbarer Universen ist eine gewichtige Anforderung.

Außerdem gibt es dann noch das persönliche Problem. Wenn Universen willkürlich entstehen, dann hat unser Leben keinen endgültigen Sinn. Dieses Argument könnte man als irrelevant angreifen. Wenn es so ist, dann ist es eben so; akzeptiere es und schaue nach vorne.

Aus meiner Sicht gibt es sehr wohl einen Sinn unseres Lebens, einen, der völlig mit allem übereinstimmt, was die Wissenschaft über das Universum und das Leben auf der Erde herausgefunden hat.

Dieser Sinn schließt den Urknall, eine 4,6 Milliarden Jahre alte Erde und die darwinistische Evolution mit ein. Aus dieser Sicht wird angenommen, dass vor der Erschaffung der physischen Materie eine unendliche bewusste Intelligenz präexistiert hat. Es erscheint nicht möglich, dass es ohne die Präexistenz von irgendetwas ein Universum geben sollte. Dieses Etwas kann ein Satz physikalischer Gesetze sein, der unendlich viele Zufallsuniversen generiert, oder es kann eine unendliche bewusste Intelligenz sein. Die heutige Naturwissenschaft kann dieses präexistente Etwas nicht erklären, und offenbar ist keine der beiden Ansichten vernünftiger als die andere.

Auf den ersten Blick mag es so scheinen, als werde die eine Ansicht durch Indizien gestützt, die andere hingegen nicht. Die Berichte der Mystiker sowie außergewöhnliche Erfahrungen, die in der Meditation, im Gebet und manchmal spontan auftreten und welche die Menschen seit Urzeiten machen, liefern empirische Beweise für eine unendliche bewusste Intelligenz. Anscheinend gibt es keine Beweise für Zufallsuniversen, obwohl dies eine verbreitete wissenschaftliche Theorie ist. Wissenschaftler, die der Theorie von den Zufallsuniversen zuneigen, werden die empirischen Beweise für eine unendliche bewusste Intelligenz als rein subjektiv verwerfen. Damit steht es im Wettkampf der Ansichten unentschieden: Null zu Null.

Die Idee einer unendlichen bewussten Intelligenz mit unendlichem Potenzial, aus deren Ideen die Naturgesetze unseres Universums und anderer Universen werden, erscheint mir sinnvoll. Das sinngebende Bewusstsein kann Gott genannt werden – der Potenzial in Erfahrung umwandelt und unserem Universum Sinn und Zweck verleiht. Es ist ein großer Unterschied, ob man etwas tun kann oder ob man es tatsächlich tut. Etwas wahr machen, erleben, wie es sich anfühlt, und die Empfindungen auskosten – dies macht den Unterschied zwischen Theorie und Praxis aus. Es ist befriedigender, das Spiel zu spielen, als über die Regeln zu theoretisieren.

„Das Weltall sieht allmählich mehr wie ein großer Gedanke als wie eine große Maschine aus", schrieb der Astrophysiker Sir James Jeans in den 1930er Jahren über seine Beobachtungen. In meinem Buch *Warum Gott nicht würfelt* habe ich etwas Ähnliches vorgeschlagen, dass nämlich der Ursprung von Materie und Energie sowie den Naturgesetzen in diesem Universum und in allen anderen Universen, die es geben mag, letzten Endes aus Bewusstsein hervorgeht. Gott wünscht sein Potenzial zu erleben. Das Leben jedes empfindenden Wesens ist Ausdruck von Gottes Ideen und Fähigkeiten. Welchen höheren Sinn könnte es für uns geben, als eine Erfahrung für Gott zu erschaffen? Weil wir die Inkarnationen Gottes in der physischen Welt sind, erlebt Gott die Fülle seines Potenzials durch uns.

Eine der größten Herausforderungen, mit denen sich diese metaphysische Sicht der Dinge auseinandersetzen muss, ist paradoxerweise das Problem der Religion mit ihren oftmals pathologischen Gottesbildern, die einen kleingeistigen Gott zeichnen, der auch noch von den nicht eben edelsten menschlichen Eigenschaften behindert wird.

Es muss ein besseres Gotteskonzept geben – und das gibt es auch.

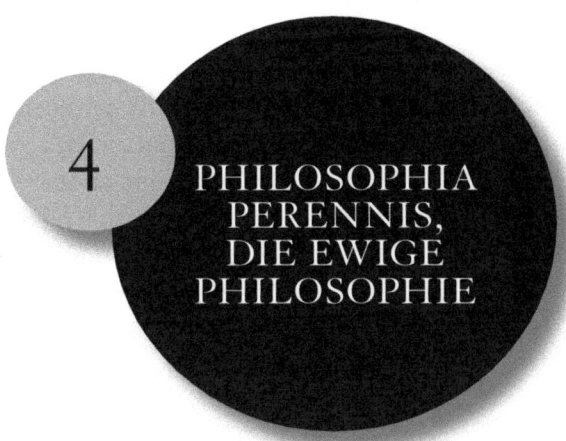

4

PHILOSOPHIA PERENNIS, DIE EWIGE PHILOSOPHIE

In jüngerer Zeit sind Bestseller erschienen, die mit der Religion hart ins Gericht gehen: *Der Gotteswahn* von Richard Dawkins; *Brief an ein christliches Land* von Sam Harris; *God: The Failed Hypothesis: How Science Shows That God Does Not Exist* von Victor Stenger sowie *Der Herr ist kein Hirte: Wie Religion die Welt vergiftet* von Christopher Hitchens.

Es sind sehr zornige Bücher, und sie haben sich gut verkauft. In vielem, was sie sagen, haben sie recht. Denken Sie nur einmal an folgende Bibelstelle, die Harris zitiert:

Ist's aber die Wahrheit, dass [ein] Mädchen [bei der Heirat] nicht mehr Jungfrau war, so soll man sie heraus vor die Tür des Hauses ihres Vaters führen, und die Leute der Stadt sollen sie zu Tode steinigen. (Deuteronomium [5. Mose] 22, 13-21)

Oder lassen Sie einmal Folgendes auf sich wirken:

Wenn dich dein Bruder ... oder dein Sohn oder deine Tochter oder deine Frau in deinen Armen oder dein Freund, der dir so lieb ist wie dein Leben, heimlich überreden würde und sagen: Lass uns hingehen und andern Göttern dienen ... so willige nicht ein und gehorche ihm nicht. Auch soll dein Auge ihn nicht schonen, und du sollst dich seiner nicht erbarmen und seine Schuld nicht verheimlichen, sondern sollst ihn zum Tode bringen. Deine Hand soll die erste wider ihn sein, ihn zu töten, und danach die Hand des ganzen Volks. Man soll ihn zu Tode steinigen ..." (Deuteronomium 13, 7-11)

Noch eines, um das Maß voll zu machen:

Wenn du vor eine Stadt ziehst, um gegen sie zu kämpfen, so sollst du ihr zuerst den Frieden anbieten. Antwortet sie dir friedlich und tut dir ihre Tore auf, so soll das ganze Volk, das darin gefunden wird, dir fronpflichtig sein und dir dienen. Will sie aber nicht Frieden machen mit dir, sondern mit dir Krieg führen, so belagere sie. Und wenn sie der Herr, dein Gott, dir in die Hand gibt, so sollst du alles, was männlich darin ist, mit der Schärfe des Schwerts erschlagen. Nur die Frauen, die Kinder und das Vieh und alles, was in der Stadt ist, und alle Beute sollst du unter dir austeilen und sollst essen von der Beute deiner Feinde, die dir der Herr, dein Gott, gegeben hat. So sollst du mit allen Städten tun, die sehr fern von dir liegen und nicht zu den Städten dieser Völker hier gehören. Aber in den Städten dieser Völker hier, die dir der Herr,

---

dein Gott, zum Erbe geben wird, sollst du nichts leben lassen, was Odem hat, ..." (Deuteronomium 20, 10-16)

Ich stimme mit Harris völlig darin überein, dass ein Gott, der solche Gesetze macht, ein verwerflicher Soziopath ist und kein Wesen, von dem ich mir vorstellen könnte, es anzubeten oder gar zu respektieren. Solche Ansichten sind übrigens nicht auf die ferne biblische Vergangenheit beschränkt: Denken Sie nur an das barbarische Abschlachten Unschuldiger im Nahen Osten heute, getrieben von der Erwartung einer paradiesischen Belohnung für die abscheulichsten Grausamkeiten. Das ist absoluter Wahnsinn. So kam es, dass ich mich zu meiner eigenen Überraschung über Harris' klare und überzeugende Darstellung des religiösen Wahns und des Leidens, das er verursacht, sehr gefreut habe. Harris hat absolut recht, wenn er der Religion Intoleranz, Gewalt und Hass vorwirft – Dinge, die das genaue Gegenteil von Spiritualität sind.

Doch der Missbrauch der Religion durch den Menschen und die Existenz Gottes sind zwei völlig verschiedene Dinge.

So wie unser Verständnis der Natur sich weiterentwickelt hat, sollte auch unser Gottesverständnis sich weiterentwickeln. Doch woher soll das dazu notwendige Wissen kommen? Ich behaupte, dass es schon seit Urzeiten zur Kultur und Geschichte des Menschen dazugehört.

So schreibt Eckhart Tolle in seinem Buch *Eine neue Erde*:

Und doch ... und doch leuchtet im innersten Kern der Religionen – allen Wahnsinnstaten, die in ihrem Namen begangen wurden, zum Trotz – noch immer ein Funken der Wahrheit, auf die sie verweisen. Er schimmert noch schwach durch die vielen Schichten der Verfälschungen und Fehlinterpretationen hindurch.

Philosophia perennis, die ewige Philosophie

Im Inneren aller Religionen liegt eine mystische Strömung, ein Quell der Weisheit, der darauf beruht, dass die Menschheit Kontakt zu etwas anderem als der physischen Realität hat. Bekannt ist sie unter der Bezeichnung *Philosophia perennis*, einem Begriff, den der italienische Alttestamentler und katholische Bischof Agostino Steuco in seinem 1540 verfassten Buch *De Perenni Philosophia Libri X* geprägt hat. Er stellte die Ideen im Kontext des Christentums vor. Mit seinem sogar Papst Paul III. gewidmeten Buch versuchte er zu zeigen, dass viele Ideen, die die Weisen und Philosophen der Antike dargelegt hatten, im Einklang mit der katholischen Lehre stehen.

Später wurde die Philosophia perennis durch Gottfried Wilhelm Leibniz in einem nicht-konfessionellen Kontext berühmt. Das Mathematikgenie aus dem 18. Jahrhundert hatte das binäre Zahlensystem und damit die Grundlage der Funktionsweise moderner Computer entdeckt. (Außerdem entwickelte er unabhängig von Newton die Infinitesimalrechnung und schrieb über die Mathematik hinaus so vieles, dass es bis heute keine Kompilation seiner sämtlichen Werke gibt. So verfasste er unter anderem Zehntausende von Briefen. Er war ein vielbeschäftigter Mann.)

Die ewige Philosophie basiert auf den Erfahrungen, die Menschen zu allen Zeiten und in vielen verschiedenen Kulturen hinsichtlich der Natur der Wirklichkeit und des Ichs sowie Sinn und Zweck der Existenz gemacht haben. Sie legt universelle Prinzipien dar, die den vielen verschiedenen Religionen der Welt zugrunde liegen.

Den heute maßgeblichen Überblick bietet das 1945 erschienene Buch *Die ewige Philosophie: Philosophia perennis* von Aldous Huxley. Der Physiker Erwin Schrödinger, einer der Begründer der Quantenmechanik und verantwortlich für die berühmte Wellengleichung im Kern der neuen Physik, hatte über Huxleys Buch Folgendes zu sagen:

Vor einer Reihe von Jahren hat Aldous Huxley ein wertvolles Werk veröffentlicht, „The Perennial Philosophy", eine Blütenlese aus den Mystikern der verschiedensten Zeiten und Völker. Wo immer man es aufschlägt, findet man viele schöne Äußerungen ähnlicher Art. Man ist beeindruckt durch die wunderbare Übereinstimmung zwischen Menschen verschiedener Rasse, verschiedener Religion, von denen keiner von der Existenz des anderen wusste und zwischen denen Jahrhunderte und Jahrtausende und die größten Entfernungen auf unserem Erdball lagen. (*Geist und Materie*, 1959)

Drei wesentliche Grundsätze der ewigen Philosophie lauten:

1. Das physische Universum aus Materie ist nicht die einzige Realität. Es existieren weitere, nicht-physische Realitäten, die möglicherweise andere Lebensformen beherbergen. Daher ist die materielle Welt der Schatten einer größeren Realität, die mit den Körpersinnen nicht unmittelbar wahrgenommen werden kann. Interessanterweise ist diese Vorstellung potenziell mit der String- und der M-Theorie kompatibel, die an der Spitze der modernen Physik stehen, da diese Theorien notwendigerweise andere Dimensionen vorsehen, die radikal andere Gesetze haben könnten.
2. Die Natur des Menschen hat sowohl eine materielle Seite, die den Naturgesetzen sowie Geburt und Tod unterliegt, als auch einen nichtmateriellen unsterblichen Geist bzw. eine Seele. In Wirklichkeit ist Letzteres die wichtigere Seite, weil sie aus demselben Stoff gemacht ist wie die höchste Quelle, die im Allgemeinen als Gott betrachtet wird.
3. Alle Menschen verfügen über die Fähigkeit, intuitiv die wahre, vielschichtige Natur des Menschen und der grö-

ßeren Realität zu erfassen. Sich auf diese Wahrnehmung einzustimmen, ist ein wesentliches Ziel des menschlichen Lebens, doch leider liegt diese Fähigkeit im Allgemeinen bei den meisten Menschen brach (was wiederum der Grund für den schlechten Zustand der Welt ist).

Die Grundzüge der ewigen Philosophie wurden vor über zweitausendfünfhundert Jahren in Indien niedergeschrieben und finden sich in den mystischen Strömungen aller Religionen, einschließlich des Christentums.

Notwendige Voraussetzungen

Wenn wir aber eine solche Fähigkeit haben, warum liegt sie dann brach? Allem Anschein nach sind zur Aktivierung dieser Gabe, die größere Realität direkt und unmittelbar begreifen zu können, bestimmte Voraussetzungen erforderlich – wir müssen liebevoll, reinen Herzens und arm im Geiste werden. Dieser letztere, recht verschrobene Begriff „arm im Geiste" kann definiert werden als: Frei von Stolz, Neid und Begierde sein, hingegen das, womit wir „gesegnet" sind, wertschätzen, achten und sinnvoll einsetzen, insbesondere wenn man damit anderen Gutes tun kann. Er bedeutet, sich nicht übermäßig an Dinge zu binden, sich nicht über seinen Besitz zu definieren.

Warum sollten solche Voraussetzungen notwendig sein? Huxley schreibt: „Warum ist das so? Wir wissen es nicht. Es ist einfach eine jener Tatsachen, die wir hinnehmen müssen, ob sie uns passen oder nicht und wie unglaublich und unwahrscheinlich sie uns auch erscheinen mögen."

Da die westliche Zivilisation heute besessener denn je nach Schaffung und Mehrung von Wohlstand und allen Dingen strebt, die man für Geld kaufen kann, verwundert es kaum, dass die Fähigkeit, über unsere physische Welt hinauszusehen, weithin brach liegt und in der konventionellen Gesellschaft noch nicht einmal anerkannt ist.

Dass diese Voraussetzungen – liebevoll, reinen Herzens und arm im Geiste zu sein – bestehen, um recht schnell direkt auf das spirituelle Wissen zugreifen zu können, erklärt, warum allzu viele religiöse Führungspersönlichkeiten spirituelle Tatsachen noch nicht einmal kennen, obwohl dies doch eigentlich ihr „Kerngeschäft" ist. Wenn man Hass gegen diejenigen predigt, die nicht auf der eigenen Seite stehen, erfüllt man nicht die Voraussetzung des Liebevollseins. Dies ist gewiss ein großes Hindernis für die direkte Wahrnehmung der geistigen Realität.

Ein reines Herz ist frei von Kontaminationen. Abneigung, Intoleranz oder Hass gegen andere führen zu einem Herzen, das in diesem Sinne nicht rein ist, daher tragen alle, die hassen, eine weitere Scheuklappe. Ein dritter Schlag trifft wohl den wunden Punkt, „arm im Geiste sein", und zwar deshalb, weil das Wohl anderer, das für die Armen im Geiste dazugehört, durch Hass nicht gemehrt wird.

Auch intellektueller Stolz ist mit der Voraussetzung „arm im Geiste zu sein" wohl nicht vereinbar. Ohne in übermäßigen Stolz verfallen zu wollen, vermute ich doch, dass eine Überbetonung ausschließlich des Intellekts wahrscheinlich ein großes Hindernis ist, und sehr gut erklären könnte, warum der Verfasser dieses Buches leider keine direkte Wahrnehmung hat.

Tatsache ist außerdem, dass die innere Einstellung und Aufgeschlossenheit für andere Realitäten, die zur Fähigkeit der Wahrnehmung einer nicht-physischen Realität führen, im Allgemeinen im Widerspruch zur wissenschaftlichen Mentalität stehen. Zwar ist es nicht unmöglich, dass ein Wissenschaftler so etwas erlebt, aber er hat schlechte Karten. Dies kann aufseiten der Wissenschaftler zu dem vorschnellen Schluss führen, die ewige Philosophie sei eine rein subjektive Einbildung, was bis zu einem gewissen Grade wahrscheinlich tatsächlich die Mehrheitsmeinung moderner Wissenschaftler ist.

Eddington und Einstein

Die bemerkenswerteste Ausnahme in moderner Zeit ist wahrscheinlich Sir Arthur Eddington. Er gilt weithin als einer der größten Wissenschaftler der Anfangsjahre des 20. Jahrhunderts. 1919 leitete er die Sonnenfinsternis-Expedition zur Vulkaninsel Principe vor der westafrikanischen Küste, bei der Einsteins Allgemeine Relativitätstheorie auf den ausschlaggebenden Prüfstand gestellt werden sollte. Diese Beobachtung sollte zu den wichtigsten in der Geschichte der Wissenschaft gehören. Sie lieferte die entscheidenden Beweise für eine der revolutionärsten Ideen aller Zeiten: Dass der Raum, oder genauer die Raumzeit, gekrümmt ist.

Über zweihundert Jahre lang war Newtons Theorie von der Gravitation als Kraft, die in einem flachen Raum wirkt, ein großartiger Erfolg. Die Umlaufbahnen der Planeten im Sonnensystem folgten Newtons Theorie mit erstaunlicher Präzision (bis auf eine geringfügige Diskrepanz im Falle des Planeten Merkur).

Ein flacher Raum ist der, den wir normalerweise erleben, und in diesen Begriffen denken wir. Er wird definiert durch die Eigenschaft, dass parallele Geraden parallel bleiben, egal wie weit sie sich in die Ferne erstrecken. Sie behalten stets denselben Abstand voneinander bei. Sie kommen nie zusammen und laufen nie auseinander. So versteht der gesunde Menschenverstand den normalen Raum. Dies bezeichnet man als *euklidische Geometrie* nach Euklid, dem griechischen Philosophen und Vater der Geometrie, der die Geometrie vor über zweitausend Jahren formuliert hat. Bis zur Mitte des 19. Jahrhunderts glaubte niemand, dass eine andere Geometrie auch nur möglich wäre. Sie war es aber doch. Mathematiker wie der Deutsche Bernhard Riemann bewiesen die theoretische Möglichkeit von Räumen, deren Dimensionen gekrümmt sind. In einigen dieser Geometrien schneiden sich parallele Geraden anderswo.

1915 veröffentlichte Einstein eine Gravitationstheorie, die heute unter der Bezeichnung Allgemeine Relativitätstheorie bekannt ist.

So heißt sie, weil sie sein früheres Werk über die Gesetze sich bewegender Objekte, die sogenannte Spezielle Relativitätstheorie, erweitert und daher allgemeiner ist. Nach Einsteins Theorie ist Gravitation gar keine Kraft. Sie ist eine Manifestation der Krümmung des Raumes (um genau zu sein: der Raumzeit insgesamt).

Obwohl die der Newtonschen und der Einsteinschen Gravitation zugrunde liegenden Vorstellungen so verschieden sind wie Tag und Nacht – die eine ist eine Kraft, die andere die Krümmung des Raumes – waren die Unterschiede zwischen bekannten Beobachtungen unbedeutend. Wie sich herausstellte, konnte die Krümmung des Raumes direkt gemessen werden; aber nur während einer Sonnenfinsternis. In dieser Zeit sollte die durch die Sonne bewirkte Krümmung des Raumes durch Beobachtung der Position von Sternen zu beiden Seiten der Sonne messbar werden. In dieser Position waren sie allerdings nur sichtbar, wenn das helle Sonnenlicht während einer Sonnenfinsternis vom Mond verdunkelt wurde. Dies wird auf Abbildung 5 dargestellt. Das Licht der beiden Sterne am Himmel wird abgebogen – weil der Raum selbst gekrümmt ist – wenn die Sonne zwischen den beiden Lichtstrahlen liegt.

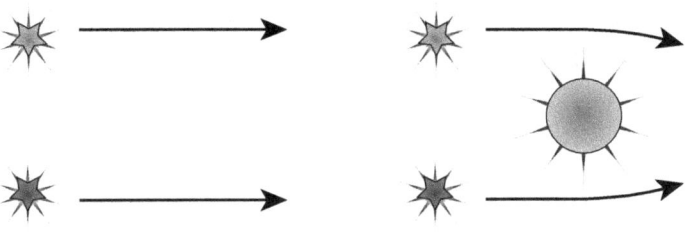

Abbildung 5

Die Idee war Folgende: Auf verwacklungsfreien Glasplatten sollte ein exaktes Foto von den Sternen in einer Himmelsregion aufgenommen werden, in der sich die Sonne während einer Sonnenfinsternis befindet. Sodann sollten die Sterne in diesem Feld sehr sorgfältig vermessen werden, und zwar einmal auf einer Platte, die belichtet wird, wenn die Sonne nicht in dem Feld steht, sowie zum Vergleich auf einer Platte, die belichtet wird, wenn die Sonne in diesem Feld steht und die Sterne dank der Sonnenfinsternis sichtbar sind. Wenn Einsteins Theorie richtig wäre, dann würden die Sterne, die der Sonne am nächsten sind – wobei am nächsten hier bedeutet, dass sie ihr am Himmel benachbart sind, denn die tatsächlichen Entfernungen sowohl von der Erde als auch von der Sonne wären enorm, aber nicht relevant – geringfügig von ihrem normalen Muster abweichen.

1915, als Einstein seine Theorie erstmals veröffentlichte, tobte der Erste Weltkrieg und sollte noch drei weitere Jahre andauern. Nach Kriegsende 1918 traf der britische königliche Hofastronom Sir Frank Dyson alle Vorkehrungen, um bei der nächstverfügbaren Sonnenfinsternis, am 29. Mai 1919, Einsteins Theorie zu testen. Er gewann Arthur Eddington, Plumian Professor für Astronomie in Cambridge, für die Leitung einer wissenschaftlichen Expedition in die Schattenbahn der totalen Sonnenfinsternis. Dyson stand Eddington nahe, weil Eddington als Quäker und Pazifist während des Krieges um ein Haar als Kriegsdienstverweigerer zur Zwangsarbeit herangezogen worden wäre, Dyson jedoch einen Aufschub erwirkte, wodurch der brillante Eddington seine Forschung fortführen konnte. Anscheinend als Gegenleistung dafür musste Eddington sich bereiterklären, eine Expedition auf die Insel Principe vor der westafrikanischen Küste zu leiten – in die Nähe des Zentrums der Sonnenfinsternisbahn, wo deren Dauer am längsten wäre. Ein zweites Team unter der Leitung von Dr. A. C. D. Crommelin vom Königlichen Observatorium in Greenwich wurde ins brasilianische Sobral unweit der Hafenstadt Fortaleza geschickt, wo sich die Sonnenfinsternis etwa eine Stunde früher, doch von etwas kürzerer Dauer zeigen sollte.

Die maximale Dauer einer Sonnenfinsternis beträgt siebeneinhalb Minuten. Die Sonnenfinsternis auf Principe sollte fünf Minuten und zwei Sekunden dauern. Zufällig war die Sonne damals vor einem

Feld mit den offenen Sternhaufen der Hyaden zu sehen. So standen reichlich Ziele zur Verfügung, deren Position man anhand von Fotoplatten würde messen können, die während der Sonnenfinsternis belichtet wurden und sich dann mit Platten vergleichen ließen, die Monate früher oder später aufgenommen worden waren, wenn dasselbe Sternenfeld nachts sichtbar war.

Doch als das Datum der Sonnenfinsternis näher rückte, sahen die Dinge leider ganz und gar nicht vielversprechend aus. An den meisten Tagen davor – regnete es! Als die Sonnenfinsternis am 29. Mai begann, verdeckten teilweise Wolken die Sonne. Blindwütig belichteten Eddington und sein Assistent, ein Mr. E. T. Cunningham, Glasplatten. Es gelang ihnen, insgesamt sechzehn Aufnahmen mit einer Belichtungszeit zwischen zwei und zwanzig Sekunden zu machen. Doch erst auf der letzten Platte zeigten sich recht gute Abbilder von fünf Sternen.

Auch die meisten Platten, die in Sobral aufgenommen und in Brasilien entwickelt wurden, sahen nicht vielversprechend aus. Einige Aufnahmen, die mit einem Hundert-Millimeter-Objektiv gemacht worden waren, wurden erst in England entwickelt. Eine Platte zeigte gute Bilder von sieben Sternen.

Einsteins Theorie prognostizierte, dass Sternenlicht, das die Sonnenoberfläche streift, um 1,75 Bogensekunden abgelenkt würde (weniger als ein menschliches Haar, das man auf Armeslänge vor sich hält). Die Analyse, die Eddington und seine Kollegen in England durchführten, ergab eine Abweichung um 1,61 Bogensekunden auf der Platte aus Principe und um 1,98 Bogensekunden auf der Platte aus Sobral, was Einsteins Vorhersage fein umrahmt.

Die Endergebnisse präsentierte Sir Frank Dyson bei einer Versammlung der angesehenen Royal Society of London. Von dort ging die Nachricht per Telegraph rasch um die ganze Welt. Die New York Times brachte in ihrer Ausgabe vom 10. November 1919 ganz im Stil jener Zeit eine ganze Titelseite voller Schlagzeilen zu dem Thema.

LIGHTS ALL ASKEW
IN THE HEAVENS

Men of Science More or Less Agog Over Results of Eclipse Observations.

EINSTEIN THEORY TRIUMPHS

Stars Not Where They Seemed or Were Calculated to be, but Nobody Need Worry.

A BOOK FOR 12 WISE MEN

No More in All the World Could Comprehend It, Said Einstein When His Daring Publishers Accepted It.

Himmelslichter völlig schief
Männer der Wissenschaft mehr oder weniger aus dem Häuschen
über Ergebnisse der Sonnenfinsternisbeobachtungen
Einsteins Theorie triumphiert
Sterne nicht da, wo sie scheinen oder den Berechnungen
nach sein sollten, aber kein Grund zur Sorge
Ein Buch für zwölf kluge Männer
Mehr gäbe es nicht auf der Welt, die es verstehen könnten,
sagte Einstein, als sein mutiger Verlag es annahm.

Was die Schlagzeile mit dem Hinweis auf das „Buch für zwölf klu-ge Männer" anbelangt, so kam mir in meiner Zeit als Doktorand ein moderner Mythos zu Ohren, wonach Eddington auf die Frage eines Journalisten, ob es wahr sei, dass nur drei Männer die Relativi-tätstheorie verstünden, geantwortet haben soll: „Ich kann mir nicht denken, wer der dritte sein könnte."

Als der Bericht über die Messungen während der Sonnenfinsternis in der *New York Times* und anderen Zeitungen erschien, war Einstein auf einen Schlag in der ganzen Welt berühmt. Auch Eddington hätte allein aufgrund seiner Eigenschaft als Leiter des Beobachtungsteams beträchtlichen Ruhm erlangt; doch es hat seinen Grund, dass Subramanyan Chandrasekhar, selbst Nobelpreisträger und Astrophysiker von legendärem Ruf, 1982, aus Anlass von Eddingtons hundertstem Geburtstag, ein Buch mit dem Titel *Eddington: The Most Distinguished Astrophysicist of His Time* (Eddington: Der angesehenste Astrophysiker seiner Zeit) veröffentlichte. Nachdem Eddington bewiesen hatte, dass Einsteins Allgemeine Relativitätstheorie richtig ist, machte er sich 1923 an die beängstigende Aufgabe, das erste Lehrbuch zu verfassen, das auf zweihundertsechzig Seiten straffer Tensoranalysis Einsteins Theorie erklärt und entwickelt (und das zu benutzen ich als Doktorand das zweifelhafte Vergnügen hatte). Als ob das noch nicht genügte, veröffentlichte er nur drei Jahre später das bahnbrechende Werk *Der innere Aufbau der Sterne*, das praktisch die Erforschung von Struktur und Entwicklung der Sterne als Studiengebiet begründete.

Für seine große Leistung und sein Genie wurde Eddington reich entlohnt. Dank seiner zahlreichen populären Artikel, mit denen er die Astronomie der allgemeinen Öffentlichkeit näherbringen wollte, war sein Name in den 1930er und 1940er Jahren in der englischsprachigen Welt jedermann ein Begriff. Zu seinen Auszeichnungen zählten fünf Ehrenmedaillen, ein Mondkrater und ein Asteroid, die nach ihm benannt wurden, die Präsidentschaft der Royal Astronomical Society sowie später der International Astronomical Union und natürlich die höchste britische Auszeichnung – der Ritterschlag.

Eddington und sein Inneres Licht

Sein ganzes Leben lang versuchte Eddington, Wissenschaft und Spiritualität zusammenzubringen. So schrieb der Astronom Alan Batten vor einigen Jahren im *Quarterly Journal of the Royal Astronomical Society*: „Er (Eddington) hat versucht, die beiden wichtigsten Dinge im Leben miteinander zu in Einklang zu bringen, ja zu vereinigen: Die Begeisterung für die wissenschaftliche Forschung und die Tiefe seiner mystischen Erfahrung. In beiden Bereichen sah er sich als Sucher, der von einem ‚Inneren Licht' geführt wird."

Batten behauptet, anhand von Eddingtons Schriften könne man kaum sagen, was ihm wichtiger gewesen sei: Die wissenschaftliche Forschung oder seine spirituellen Erfahrungen. Aus seinen Schriften geht indes hervor, dass er bestimmte mystische Erfahrungen hatte. Eddington verstand sich in erster Linie als Sucher. Über seine Suche schrieb er:

> Wir suchen die Wahrheit; aber wenn eine Stimme uns sagte, dass wir in wenigen Jahren am Ende unserer Reise angelangt wären, die Wolken der Ungewissheit dann zerstoben seien und wir die ganze Wahrheit über das physische Universum erkennen könnten, so wäre dies keineswegs eine frohe Kunde. In der Naturwissenschaft wie in der Religion leuchtet die Wahrheit voraus als ein Leuchtfeuer, das uns den Weg zeigt; wir bitten nicht darum, sie zu erreichen, sie ist besser ferne, auf dass uns gestattet sei, sie zu suchen. (*Die Naturwissenschaft und die Welt des Unsichtbaren,* 1929)

Er kam zu dem Schluss, dass die „endgültige Realität" geistiger Natur und die Naturgesetze die Schöpfung des Geistes seien. Seiner

Ansicht nach waren Teilchen und Quanten in der wissenschaftlichen Welt nur Manifestationen einer tieferen, im Wesentlichen unergründlichen Realität.

Er sprach vom Glauben an einen persönlichen Gott und maß der „mystischen Religion" hohen Wert bei. Was er jedoch als „Religion" bezeichnete, war im Grunde eine nicht-konfessionelle Spiritualität. Schließlich kennt Eddingtons Religionsgemeinschaft der Quäker kein Glaubensbekenntnis, kein Dogma, ja noch nicht einmal eine bezahlte Geistlichkeit oder formelle Gottesdienste. Daher besteht kaum ein Unterschied zwischen der „Religion des Quäkertums" und einer areligiösen Spiritualität.

Von den Berufsphilosophen seiner Zeit wurden Eddingtons metaphysische Schriften als widersprüchlich, obskur oder sogar logisch fehlerhaft kritisiert. Aus streng akademischer Sicht ist diese Kritik sogar mehr oder weniger berechtigt. Dabei ist jedoch zu bedenken, dass Eddingtons metaphysische Schriften im Gegensatz zu seiner wissenschaftlichen Arbeit, die von äußerster Stringenz und Genauigkeit geprägt ist, populärer Natur und nicht dazu gedacht waren, von Akademikern untersucht und zerpflückt zu werden.

Doch diese Kritik von Berufsphilosophen illustriert anschaulich, worauf Aldous Huxley in seiner Einführung zu *Die ewige Philosophie* abhebt. Im Zusammenhang mit den Voraussetzungen für die unmittelbare Erfahrung der „höheren Wirklichkeiten" – liebevoll, reinen Herzens und arm im Geiste zu werden – stellt er fest: „Wenige Berufsphilosophen und Literaten scheinen sich sehr bemüht zu haben, die Voraussetzungen zu schaffen, von denen die unmittelbare spirituelle Erkenntnis abhängt."

Eddington war offensichtlich ein Mensch, der diese Voraussetzungen in gewissem Maße erfüllte und daher aus einer direkten mystischen Quelle schöpfte, aus seinem „Inneren Licht", das zugleich die Grundlage all dessen war, was er zu vermitteln versuchte. Er bezog Erkenntnisse aus seinen Erfahrungen, und dass diese den

Anforderungen an philosophische Stringenz nicht genügten, sagt mehr über die Sterilität dieser Stringenz aus als über irgendwelche Versäumnisse aufseiten Eddingtons. Die Kritik eines bedeutenden Philosophen, Eddingtons Philosophie hinke eine Generation hinter der aktuellen Richtung des philosophischen Denkens her, spricht für sich. Die ewige Philosophie sollte sich gerade *nicht* von einer Generation zur anderen verändern. Die Kritik der Philosophen an Eddington bekräftigt Huxleys Standpunkt.

Eddington war noch auf dem Höhepunkt seiner wissenschaftlichen Karriere, als *Die Naturwissenschaft und die Welt des Unsichtbaren* 1929 erschien. Darin schreibt er:

Stehen wir, wenn wir der mystischen Anschauung folgen, den harten Tatsachen der Erfahrung gegenüber? Sicherlich tun wir das. Ich denke, dass diejenigen, die nur die mithilfe unserer Sinnesorgane vorgenommenen Messungen der wissenschaftlichen Welt zur Kenntnis nehmen wollen, einer der unmittelbarsten Erfahrungstatsachen aus dem Weg gehen, der nämlich, dass Bewusstsein nicht ausschließlich, ja noch nicht einmal in erster Linie eine Einrichtung zum Empfang von Sinneseindrücken ist.

Es war sehr kühn, öffentlich die Ansicht zu vertreten, dass es jenseits des physischen Universums eine andere Welt oder wohl eher andere Welten der Wirklichkeit gibt.

Das Weltall sieht allmählich mehr wie ein großer Gedanke als wie eine große Maschine aus

Eddington und Sir James Jeans waren in den 1930er und 1940er die beiden bekanntesten Astronomen in Großbritannien. Zusammen verliehen sie ihrem Land die herausragende Position in der Kosmologie – der Erforschung der Natur des Universums – die es bis heute innehat. Jeans' Beiträge zur Astrophysik erfolgten auf den Gebieten Quantentheorie, elektromagnetische Strahlung und Evolution der Sterne.

Jeans war fünf Jahre älter als Eddington und zog sich 1929 im jugendlichen Alter von vierundfünfzig Jahren aus der aktiven Forschung zurück. Von da an wurde er ein Popularisator der Astronomie, das heißt, er widmete sich der Aufgabe, die Astronomie allgemeinverständlich darzustellen, und zwar sowohl hinsichtlich ihrer wissenschaftlichen Entdeckungen als auch im Hinblick auf deren philosophische Konsequenzen. Dadurch erlangten Jeans und Eddington großen Einfluss als populäre Deuter der Natur des Universums, und obwohl sie nicht zusammenarbeiteten, sollten sich ihre parallelen Schriften aus ähnlicher Perspektive doch gegenseitig untermauern. Sie vertraten ähnliche Ansichten über die Existenz einer nicht-physischen Realität, wobei Eddington den Begriff „geistlich" oder „geistig", Jeans den Terminus „mental" verwendete. Doch beide meinten damit annähernd dasselbe.

Ihre Schriften vermittelten den Eindruck, als zeigten sie, dass die Entdeckungen in der Physik und Astrophysik des 20. Jahrhunderts einen Glauben an Gott wesentlich stärker unterstützen als die von Darwins Evolution und Newtons Physik dominierten Ansichten des 19. Jahrhunderts. Zusammengenommen ließen die Newtonsche Physik und die Evolution darauf schließen, dass der Mensch nicht mehr ist als eine Maschine, durch Zufall entstanden und nicht im Besitz eines freien Willens. Dies änderte sich glücklicherweise im 20. Jahrhundert im Licht der Quantenphysik gründlich, doch die besten wissenschaftlichen Erkenntnisse des 19. Jahrhunderts zeichneten ein sehr düsteres Bild von der Natur des Menschen.

Eine strenge Auslegung der Newtonschen Physik besagt, dass der freie Wille eine Illusion ist, weil nach mechanistischem Verständnis der Materie alles, was jetzt geschieht, auf der Grundlage des zuvor Geschehenen erfolgt, bis hinunter auf die geringfügigste Ebene. Aus dieser Sicht ist selbst unser Verhalten, jeder Atemzug und jedes Wort, das wir äußern, durch die Konfiguration von allem, was ihm vorausging, vorherbestimmt. In diesem Sinne ließe sich eine Mozart-Symphonie bis in den Staub der jungen Erde zurückverfolgen: Jede Note hätte vor einer Milliarde Jahren von einer Superintelligenz, die in der Lage ist zu berücksichtigen, wo sich jedes Atom im Universum befindet und mit welcher Geschwindigkeit es sich zu einem beliebigen Zeitpunkt fortbewegt, vorhergesagt werden können. Sogar T. H. Huxley, der hartgesottene Naturalist, der wegen seiner aggressiven Verteidigung der darwinistischen Evolutionstheorie in den 1860er Jahren auch als „Darwins Bulldogge" bezeichnet wurde – und der ironischerweise Aldous Huxleys Großvater war –, sprach vom völligen Determinismus als dem „Albtraum des 19. Jahrhunderts". Der Astronom Alan Butten schreibt in seinem Artikel über Eddington: „Wenn die Bewegungen unseres Körpers durch alles Vorausgehende festgelegt sind, dann ist die Frage, ob wir nun von unseren Genen, unserer Erziehung und Umwelt oder sogar von der Gnade Gottes bestimmt werden, rein akademisch."

Mit der aufkommenden Quantenmechanik und der ihr innewohnenden Unschärfe stand der freie Wille nicht mehr im offenen Widerspruch zur Physik. Sowohl Eddington als auch Jeans vertraten eine entschiedene Meinung zur Existenz des freien Willens, und ihre Ansichten erweckten den Eindruck, als seien Naturwissenschaft und Spiritualität schließlich doch noch miteinander vereinbar.

Im Gegensatz zu Eddington war Jeans allem Anschein nach kein Mystiker im Sinne eines Menschen, der etwas erfahren hat. Er war stark von Quantenideen beeinflusst. In seinem Buch *Der Welten-raum und seine Rätsel* schreibt Jeans:

Und die Gesetze, denen sich die Naturerscheinungen in unseren wachen Stunden anpassen, die Naturgesetze, können wir uns als die Denkgesetze eines universalen Geistes vorstellen. ... das Weltall sieht allmählich mehr wie ein großer Gedanke als wie eine große Maschine aus. Der Geist erscheint im Reich der Materie nicht mehr als ein zufälliger Eindringling; wir beginnen zu ahnen, dass wir ihn eher als den Schöpfer und Beherrscher des Reiches der Materie begrüßen sollten ...

Obwohl ihre wissenschaftliche Laufbahn inzwischen Jahrzehnte zurückliegt, waren Eddington und Jeans mit Sicherheit Naturwissenschaftler im modernen Sinne. Ich stelle mir vor, dass sich beide heute problemlos auf den neuesten Stand bringen und an der Spitze der Wissenschaft Großes leisten könnten, denn die grundlegenden Konzepte haben sich nicht sonderlich stark verändert. Die Allgemeine Relativitätstheorie regiert das Universum immer noch, und die Quantenphysik ist zwar stark ausgearbeitet und weiterentwickelt worden, im Grunde aber immer noch dieselbe Theorie, wie sie zu Zeiten von von Eddington und Jeans aufgestellt wurde. Deren metaphysische Ansichten können nicht mit der Begründung verworfen werden, sie hätten das naturwissenschaftliche Weltbild nicht ausreichend verstanden oder geschätzt.

Was die Kritik der Philosophen anbelangt, keiner der beiden sei philosophisch auf dem Laufenden gewesen, würde ich in Eddingtons Fall dessen unmittelbare mystische Erfahrung für einen besseren Indikator wahren Wissens erachten als die gelehrte Logik der Fachleute.

Für Sir Arthur Eddington und Sir James Jeans wäre die Entdeckung, dass unser Universum offensichtlich in sich fein abgestimmt ist, wahrscheinlich eine erfreuliche Nachricht gewesen – wenngleich wohl keine große Überraschung.

5

DU BIST DAS

Das wichtigste Konzept der ewigen Philosophie lässt sich schlicht als „Du bist das" ausdrücken. Dies ist die wichtigste Aussage der uralten spirituellen Überlieferung, die in Indien entstanden ist und als Vedanta bezeichnet wird. In der Nomenklatur des Vedanta wird Gott Brahman und unser spirituelles Selbst Atman genannt. „Du bist das" bedeutet, dass wir (Atman) aus demselben Stoff sind wie Gott (Brahman).

Es ist wichtig, dass man sich von dieser Terminologie oder ihren kulturellen Konnotationen nicht ablenken lässt. Ich glaube nicht im Geringsten an das riesige Hindu-Pantheon der Götter und Wesenheiten, die sich im Laufe der Jahrhunderte auf über dreihundert Millionen (!) angehäuft haben. Für mich bitte keine Affengötter! Solche abergläubischen Elemente sind bloß eine Ablenkung von der wesentlichen Kernwahrheit. Nur sind eben in dieser uralten religiösen Überlieferung einige der ältesten Ideen anzutreffen, zu denen wir heute noch Zugang haben. Die zentrale Idee des Vedanta ist die

Identität von Atman und Brahman. Das christliche Äquivalent zum Atman wird zuweilen als „der innere Christus" bezeichnet, ich aber werde Atman einfach Seele nennen.

Ein wenig Theologie

Brahman ist die einzige Wirklichkeit, so heißt es, eine transzendente Intelligenz hinter allen Attributen – unveränderlich, unendlich, immanent. Der Göttliche Grund aller Materie und Energie, von Zeit, Raum und Sein sowie allem im Universum und in sämtlichen möglichen anderen Universen.

Ich setze Brahman mit der Gottheit in der christlichen mystischen Theologie und mit En-Sof in der Kabbala gleich. Gottheit, En-Sof und Brahman verstehe ich daher als unterschiedliche Bezeichnungen für dieselbe unendliche Intelligenz. Thomas von Aquin hatte eine lateinische Bezeichnung für die Gottheit: Deus Absconditus, der verborgene Gott. Wie passend dieses „verborgen" im Verhältnis zu einem realen und persönlichen Schöpfergott ist, wird noch deutlich werden.

Die Unterscheidung zwischen Gottheit und Schöpfergott ist fein, aber wichtig. Die Gottheit ist unmanifest. Jenseits von Raum, jenseits von Zeit, jenseits jeglicher Attribute: Zugleich größer als die Unendlichkeit und kleiner als Null. Wenn die Gottheit beschließt, ein Universum wie etwa das unsere zu erschaffen, sendet er/sie einen Teil von sich aus, der sowohl Schöpfer als auch Geschöpf sein soll. Nach vedantischer Überlieferung erwacht Brahman aus seinem Schlaf und atmet eine Schöpfung aus – bildlich gesprochen. Beim Abschluss dieser Schöpfung – der im Falle unseres Universums nach Milliarden Jahren käme – kehrt alles zu Brahman zurück, weil alles die ganze Zeit über nie etwas anderes war als Brahman, und er schläft wieder ein – bildlich gesprochen.

Stellen Sie sich einen erfolgreichen, aber sehr zurückgezogen lebenden Schriftsteller vor. Nennen wir ihn Richard Wordsworth und lassen wir ihn unter dem Pseudonym T. S. Thompson schreiben. Niemand weiß etwas über Wordsworth. Wenn man ihn googelt, findet man nichts, und kein Mensch weiß, dass es ihn überhaupt gibt. Doch Millionen lesen die Romane von T. S. Thompson. Es ist allgemein bekannt, dass T. S. Thompson ein Pseudonym ist, nur wer sich dahinter verbirgt, bleibt ein Rätsel. Wenn Wordsworth zu einer Schöpfung inspiriert wird, tritt er als T. S. Thompson hervor und erschafft in seinem Roman eine neue Realität. Thompson ist das kreative öffentliche Gesicht von Wordsworth. Man könnte sogar sagen, der erdachte Thompson sei der Schöpfer des Romans, und dies trifft insofern zu, als Wordsworth Thompsons Identität annimmt, um erfolgreich etwas zu erschaffen. Doch der echte Mensch ist der verborgene Wordsworth.

Wie kann die Brahman-En-Sof-Gottheit außerhalb von Raum und Zeit existieren und doch Schöpfungen lebendig werden lassen? Wie kann eine Intelligenz, die absolute und vollkommen glückselige Ruhe ist, zugleich der dynamische Ursprung der Schöpfung sein? Wie begibt man sich ohne Zeit von Zustand A in Zustand B? Ich behaupte nicht, dies zu wissen. Es ist ein Geheimnis. Tatsache ist jedoch, dass zu allen Zeiten viele Männer und Frauen diesen offenkundig in sich widersprüchlichen Zustand im mystischen Erleben immer wieder unmittelbar erfahren haben. Natürlich vermag keiner, dies angemessen in eine normale Sprache zu übersetzen. Es gibt keine Worte dafür. Sie behaupten mit Gewissheit, dass sie in diesem anderen Zustand *wussten*, können es aber nicht mehr ausdrücken. Wie erklärt man einem blind Geborenen die Farbe Rot? Alles beginnt mit Bezugspunkten, dann verknüpft und vergleicht und konfrontiert man, um eine Idee zu vermitteln. Wo es aber keinen gemeinsamen Bezugspunkt gibt, wird eine Beschreibung unmöglich.

Wie der Schriftsteller Thompson in der Öffentlichkeit aus dem zurückgezogenen Wordsworth hervorgeht, ist der Schöpfergott die Manifestation der Gottheit und kein separates Wesen.

Überdenken Sie einmal folgende Worte aus dem *Kleinod der Unterscheidung*, das dem indischen Weisen Shankara zugeschrieben wird:

Weise ist, wer versteht, dass das Wesen von Brahman und Atman reines Bewusstsein ist, und wer ihre absolute Identität erkennt.

Dieser Satz sagt uns zwei sehr wichtige Dinge: Erstens: Bewusstsein ist die Wurzel von allem, weil es das Wesen Gottes und unser Wesen ist; und zweitens: Das Bewusstsein Gottes und unser Bewusstsein sind identisch.

Ibn Arabi, der Sufi-Mystiker aus dem 13. Jahrhundert, schrieb:

Wenn dir das Geheimnis von der Einheit der Seele mit dem Göttlichen offenbart wird, wirst du verstehen, dass du nicht anders bist als Gott. ... Denn wenn du dich kennst, schwindet dein Empfinden einer begrenzten Identität, und du weißt, dass du und Gott ein und dasselbe sind.

Und noch einmal aus dem Vedanta:

Er ist der unwandelbare Urgrund all dessen, was existiert; jene Seelen, die Ihn als ihr eigenes Selbst erkennen, sind für immer von der Notwendigkeit zur Wiedergeburt befreit. Als dieser Herr, der alle Welten überall durchdringt, die erste Bewegung gebar, manifestierte Er sich als Schöpfung. Er allein ist es, der in diese Welt hineingeboren ist. Er lebt als alle We-

---

DIE VERBORGENE INTELLIGENZ IM UNIVERSUM

sen; überall ist nur Er. … Er nimmt die Form der begrenzten
Seele an und erscheint gebunden; tatsächlich aber ist Er auf
ewig frei. Brahman erscheint als der Schöpfer und auch als
die begrenzte Seele. Er ist die Macht, die die Erscheinung der
Welt erschafft. Doch Er bleibt unbegrenzt und unberührt von
diesen Erscheinungen. Wenn sie diesen Brahman kennt, dann
wird diese Seele frei. Die Formen der Welt verändern sich
wie die Wolken am Himmel; aber Brahman, der Herr, bleibt
eins und unverändert. Er ist der Herrscher über alle Welten
und Seelen. Durch Meditation über Ihn und Gemeinschaft
mit Ihm wird Er erkannt … und man wird daher von der Illusion befreit. (Svetasvatara Upanishad)

Bewusstsein und Ursachen

Die Vorstellung, dass das Bewusstsein das Primäre ist, steht im Widerspruch zur modernen naturwissenschaftlichen Auffassung, wonach Bewusstsein irgendwie in einer Art evolutionärem Prozess aus
Materie entsteht. In *Der Gotteswahn* vertritt Dawkins die These,

---

… jede kreative Intelligenz, die ausreichend komplex ist, um
irgendetwas zu gestalten, entsteht ausschließlich als Endpro-
dukt eines langen Prozesses der allmählichen Evolution. Da
kreative Intelligenz durch Evolution entstanden ist, tritt sie im
Universum zwangsläufig erst sehr spät in Erscheinung. Sie
kann das Universum deshalb nicht entworfen haben.

Dabei bedenkt Dawkins allerdings nicht, dass der Evolutionsprozess,
der in seinen Augen nach längerer Zeit zu einer schöpferischen Intelligenz führen kann, selbst eine vorausgehende Ursache erfordert.

Woher kamen die Gesetze, die zur Evolution führten? „Von nichts kommt nichts", wie Shakespeare schrieb. Aristoteles' Auffassung von einem Urgrund besitzt immer noch Gültigkeit. An einem Anfangspunkt sind wir logisch gezwungen, etwas als präexistent anzunehmen, als ursachenlose Ursache. Uns ist es überlassen, welche primäre Ursache wir als eine solche akzeptieren wollen. Dawkins' Argumentation erfordert zumindest die Präexistenz irgendwelcher Gesetze.

Die ewige Philosophie beharrt darauf, dass es einen ursachenlosen Gott gibt, dessen Bewusstsein wiederum die Ursache all dessen ist, was folgt.

Philon von Alexandria, der jüdische Philosoph aus dem 1. Jahrhundert, schrieb:

Gott ist hoch erhaben über Ort und Zeit. … Er ist in nichts geborgen, sondern übersteigt alles. Doch obwohl Er übersteigt, was Er geschaffen hat, erfüllt Er dennoch das Universum mit sich Selbst.

Dies stimmt mit Jeans' Bemerkung überein, das Universum sehe allmählich mehr wie ein großer Gedanke als wie eine große Maschine aus, und in der ewigen Philosophie ist das Universum auch genau dies: Der bewusste Gedanke einer Intelligenz, die einfach ist, ohne Anfang, ohne Ende, jenseits von Raum und Zeit und ohne Ursprung oder Grund außerhalb ihrer selbst.

Erwin Schrödinger, der Begründer der Quantenphysik, vertrat mit Nachdruck die Ansicht, dass es nur *ein* Bewusstsein gibt, welches das gesamte Universum durchdringt, und dass wir alle wie Fenster sind, durch die sich dieses Bewusstsein manifestiert. In seinen Schriften zitiert er den Mystiker Aziz Nasafi aus dem 13. Jahrhundert:

„Beim Tod jedes Lebewesens kehrt der Geist in die Geisterwelt und der Körper in die Körperwelt zurück. Dabei verändern sich aber immer nur die Körper. Die Geisterwelt ist
ein einziger Geist, der wie ein Licht hinter der Körperwelt
steht und durch jedes entstehende Einzelwesen wie durch
ein Fenster hindurchscheint. Je nach der Art und Größe des
Fensters dringt weniger oder mehr Licht in die Welt. Das Licht
aber bleibt unverändert." (*Geist und Materie*, 1959)

Der Anfang der Zeit

Stephen Hawking und sein Kollege James Hartle argumentierten,
weil Raum und Zeit in der Relativitätstheorie miteinander vermischt
sind, müsse man bis zu einem Moment zurückgehen können, an
dem es keinen früheren Moment mehr gibt. Stellen Sie sich vor, sie
reisen auf der Erde nach Norden. Der nördlichste Punkt, zu dem wir
gelangen können, ist der Nordpol. Dort angekommen, können wir
jede beliebige Richtung einschlagen und werden stets nach Süden
gehen. Hawking und Hartle haben gezeigt, dass Raum und Zeit sich
unter Bedingungen wie dem Urknall ineinander krümmen können,
so dass man also, wenn man in der Zeit immer weiter zurückkreist,
irgendwann an einen Zeitpunkt kommt, an dem man, egal was man
tut, immer auf eine vorwärts gerichtete Zeitbahn gerät.

Wenn dies stimmte, dann wäre es eine sehr elegante Möglichkeit,
die endlose Frage, was vor dem Urknall geschehen ist, zu umgehen.
Nach Ansicht von Hawking und Hartle gibt es tatsächlich einen ersten Moment, einen, zu dem man zumindest im Prinzip zurückgehen, über den man aber nicht hinausgelangen könnte, gerade so wie
man auch am Nordpol nicht weiter nach Norden gehen kann. Es
gibt einen ganz klar feststehenden Nordpol, an dem man unmöglich
weiter nach Norden gehen kann.

Ich stimme vollkommen damit überein, dass dies eine elegante Möglichkeit wäre, einen klar definierten Anfangsmoment für das Universum festzulegen. Was das Universum anbelangt, gäbe es damit schlicht keine frühere Zeit. Die Zeit begann mit dem Urknall. Zeit und das Universum wurden im Gesamtpaket geliefert. Diese Ansicht vertrat übrigens Augustinus bereits vor mehr als 1.500 Jahren.

Ich behaupte aber auch, dass mit der Ansicht von Hawking und Hartle der Ursachenstreit nicht gelöst ist. Wodurch sind das Universum und die Zeit entstanden? Tatsache ist allerdings auch, dass niemand, kein Philosoph, kein Naturwissenschaftler und auch nicht der Verfasser dieses Buches, weiß, wie Kausalität funktionieren soll, wenn es keine Zeit gibt, in der sie operieren kann. Meine Auffassung und die der ewigen Philosophie lautet, dass die Ursache des Universums Gott ist. Noch einmal ein Zitat aus dem *Kleinod der Unterscheidung*:

Brahman hat weder Namen noch Form, er ist jenseits von Verdienst und Schuld, von Raum und Zeit sowie von den Gegenständen der sinnlichen Wahrnehmung.
Brahman ist reine, absolute, ewige Wirklichkeit.
Obwohl Eine Einzige Wirklichkeit, ist Brahman doch die Ursache der Vielfalt.
Es gibt keine andere Ursache. Und trotzdem ist Brahman nicht der Kausalität unterworfen.
Er hat bestimmt, dass alle Dinge begrenzt sein sollen, ist selbst aber unbegrenzt, unendlich.

Schwerer mag es fallen, die Vorstellung ernst zu nehmen, dass unser Bewusstsein absolut identisch ist mit dem Bewusstsein Gottes. Schließlich sind wir Menschen weit von allen vernünftigen Attributen Gottes entfernt. In welchem Sinne könnten wir ein Wesen haben, das dasselbe ist wie das Wesen Gottes? Das nächste Kapitel macht einen Vorschlag, inwiefern dies einen Sinn ergeben könnte.

Meister Eckhart

Diese Ideen wurden zwar bisher hauptsächlich in vedantischen Begriffen formuliert, werden aber nicht ausschließlich im Vedanta vertreten. Einer der einflussreichsten christlichen Mystiker war Eckhart von Hochheim (1260-1327). Die Bezeichnung „Meister" ist die eingedeutschte Form seines Magistertitels, den er an der Universität Paris erworben hatte. Eckhart war prominentes Mitglied des Dominikanerordens, doch seine Lehren waren recht neuartig, was ihm schließlich eine Anklage wegen Ketzerei eintrug. Zentrale Themen der Eckhartschen Mystik sind die „Fruchtbarkeit" Gottes, womit die Ausgießung seiner Liebe gemeint ist, um die Schöpfung in Gang zu setzen, sowie Gottes Gegenwart in der Seele des Menschen. Tatsächlich dachte auch er, dass Gott und wir letzten Endes dasselbe sind.

Wenn die Seele reiner wird und bloß und arm und weniger von den erschaffenen Dingen besitzt und aller Dinge ledig ist, die nicht Gott sind, empfängt sie Gott reiner und ist vollständiger in Ihm; und sie wird wahrhaft eins mit Gott, und sie schaut in Gott und Gott schaut in sie, gleichsam von Angesicht zu Angesicht; zwei Bilder verwandelt in eins. … Manche einfältigen Leute wähnen, sie sollten Gott so sehen, als stünde er dort und sie hier. Dem ist nicht so. Gott und ich, wir sind eins. … beim lebendigen Gotte, es ist wahr, dass es da keinerlei Unterschied gibt.

Auch unterschied er den Schöpfergott von der höchsten, absoluten und nichtmanifesten Gottheit.

Arthur Schopenhauer, der deutsche Philosoph aus dem 19. Jahrhundert, schrieb, Meister Eckhart und der Buddha hätten dasselbe gelehrt, wenngleich „Eckhart genötigt war, es in das Gewand des christlichen Mythos zu kleiden". Andere Gelehrte zogen ähnliche Parallelen zwischen Eckharts Metaphysik und dem Buddhismus.

Gott ist nicht nur der Vater aller guten Dinge, wie er ihre Erste Ursache und ihr Schöpfer ist, sondern Er ist auch ihre Mutter, da Er bei den Kreaturen bleibt, die von Ihm ihr Sein und Leben haben, und sie beständig in ihrem Sein erhält. Wenn Gott nicht bei und in den Kreaturen wohnte, hätten sie, sobald sie erschaffen waren, unweigerlich wieder in das Nichts zurückfallen müssen, aus dem sie erschaffen wurden. Alle Kreaturen sind ein reines Nichts. Ich sage nicht, dass sie geringwertig oder überhaupt etwas seien: Sie sind ein reines Nichts. Was kein Sein hat, das ist nichts. Alle Kreaturen haben kein Sein, denn ihr Sein hängt an der Gegenwart Gottes. Kehrte Gott sich nur einen Augenblick von allen Kreaturen ab, so würden sie zunichte.

Gott im Inneren finden

Wenn wir aber tatsächlich eins sind mit Gott, dann beantwortet dies die Frage, wo wir Gott suchen sollen: In uns. Atman ist das innerste Wesen unseres Seins, und weil Atman eins ist mit Brahman, wohnt Gott uns faktisch inne – sogar Professor Dawkins, ob ihm das nun passt oder nicht.

In seinem Buch *Die Naturwissenschaft und die Welt des Unsichtbaren* bemerkt Eddington, dass Astronomen gern unwirsch reagieren, wenn ihnen von religiösen Menschen der Psalm-Vers vorgehalten wird: „Die Himmel rühmen des Ewigen Ehre." Ich kann vollkommen nachvollziehen, warum man sehr versucht ist, darauf zu erwidern: „Nein, die Himmel rühmen die Wunder der Astrophysik."

Doch dann fährt Eddington fort, es gebe eine Bibelstelle, die seinem eigenen Empfinden nahekäme:

Und siehe, der Herr wird vorübergehen. Und ein großer, starker Wind, der die Berge zerriss und die Felsen zerbrach, kam vor dem Herrn her; der Herr aber war nicht im Winde. Nach dem Wind aber kam ein Erdbeben; aber der Herr war nicht im Erdbeben. Und nach dem Erdbeben kam ein Feuer; aber der Herr war nicht im Feuer. Und nach dem Feuer kam ein stilles, sanftes Säuseln. Als das Elia hörte, verhüllte er sein Antlitz mit seinem Mantel und ging hinaus und trat in den Eingang der Höhle. Und siehe, da kam eine Stimme zu ihm und sprach: Was hast du hier zu tun, Elia?

Es war die innere Stimme, die Eddington oft vernahm und der er Bedeutung beimaß.

Noch einmal die Identität von Brahman und Atman sowie die Gegenwart Gottes im Inneren bestätigend, schrieb Meister Eckhart:

Ich habe schon einmal gesagt und sage es wieder, dass ich schon alles besitze, was mir ewig gewährt ist. Die Gottheit wohnt in ihrer ganzen Fülle in ihrem Bilde – der Seele.

In einer uralten vedantischen Schrift heißt es:

Am Anfang war Sein allein – Eines nur, ohne ein Zweites. Es, das Eine, dachte bei sich: „Ich will Viele sein, ich will hervorbringen." So trat es aus Sich in jedes Wesen ein. Alles, was ist, hat sein Selbst in Ihm allein. Es ist die feine Essenz aller Dinge. Es ist das Wahre. Es ist das Selbst. Und du bist Das.

Die mystische Erfahrung: „Ich und der Vater sind eins."

Die Gottheit ist weder Geist noch Materie, sondern eine Realität jenseits des rationalen Fassungsvermögens, die ewig, allwissend und allgegenwärtig ist und sich als reines Bewusstsein und Glückseligkeit erlebt. Sie ist der Geist, der allem, was im Universum scheinbar existiert, immanent ist, auch uns. Es gibt keinen Unterschied zwischen dem Ursprung und der Manifestation. Doch woher können wir das wissen? Weil dies in der Mystischen Erfahrung der Menschen unmittelbar erlebt sowie auf eine Art und auf einer Ebene erfahren wird, die Sprache, Logik und rationales Wissen übersteigen.

Spirituelle Nichtdualität – wonach unser Wesen letztendlich identisch ist mit dem transzendenten Bewusstsein hinter aller Schöpfung – ist der Inhalt der Visionen aller Mystiker. Dies wird von Mystikern aller Religionen gleichermaßen erfahren.

Was ich schlicht als Mystische Erfahrung bezeichne, ist folgendermaßen beschrieben worden (Swami Abhayananda, *The Divine Universe*):

In jener magischen Nacht, als ich in meiner dunklen Hütte vor dem Feuer saß ... durfte ich Einblick in die wahre Natur meiner selbst und allen Seins nehmen. Als der Schleier der Unwissenheit, der das Ego darstellt, gelüftet war, wurde offenbar, dass meine wahre zugrunde liegende Identität das eine, alles durchdringende Bewusstsein ist und immer war – Ursprung und Grundlage von allem, was ist.

Die Gott suchende Seele tastet die innere Dunkelheit ab, als könne sie ein anderes entdecken, als erwarte sie, dass etwas außerhalb von ihr sich zeige. Doch wenn die Aufmerksamkeit sich nach innen richtet, werden die Gedanken zum Schweigen gebracht, und plötzlich erwacht die suchende Seele. Nichts Äußeres ist in Erscheinung getreten; es ist die Seele selbst, nicht länger Seele, die nun weiß, dass sie das Alles ist, das Eine. Wie eine Welle auf der Suche nach dem Meer entdeckt der Sucher, dass er selbst das ist, was er sucht.

Wenn Gott sich offenbart, dann wird Er nicht als jemand oder etwas Getrenntes geschaut. Die Seele wird erhoben, um sich mit Gott zu identifizieren, so dass es keine Seele mehr gibt, sondern Gott selbst wird als das eigene Selbst offenbart. Dieses Selbst ist ewig, jenseits aller Manifestationen, niemals berührt vom anhaltenden Drama weltlicher Erfahrung. Er maskiert sich als jedes Wesen und bleibt dabei doch reines Bewusstsein und vollkommene Glückseligkeit.

Wer noch höher (oder tiefinnerlicher) zu seinem Ursprung aufgestiegen ist, erlebt sich nicht mehr als getrenntes Einzelwesen, sondern als ideelle Wellenform in dem einen ganzheitlichen Meer Kosmischer Energie. Er identifiziert sich nicht mehr mit dem Gemisch aus Körper, Geist und Seele, sondern weiß, dass er seine wahre Identität im gesamten ungeteilten Meer schöpferischer Energie hat, in und auf dem sich diese vergänglichen Formen manifestieren. Dann schreitet die bewusste, auf diese klare Vision der feineren Ebene ihrer eigenen Realität gerichtete Wahrnehmung fort, als ob man durch einen Nebel auf eine Lichtung gelangt, wo kein Nebel mehr ist, und kommt auf die höchste und letzte feine Ebene, zum Göttlichen Ursprung, zum Nichtmanifesten. Dann kennt sie das reine, eigenschaftslose Bewusstsein, das der Vater ist, noch älter als die Schöpfermacht, die als Schöpfer wirkt; und sie weiß: „Ich und der Vater sind eins."

6 DIE GOTTESTHEORIE ODER WARUM GOTT NICHT WÜRFELT

Kleinlich, nachtragend, sadomasochistisch, völkermörderisch, dies sind nur vier der sechzehn Adjektive, mit denen Richard Dawkins den Gott der verschiedenen heiligen Schriften – einschließlich der Bibel – beschreibt. Selbst Thomas Jefferson bezeichnete den Gott, wie er heute weithin dargestellt wird, als grausam, rachsüchtig, launisch und ungerecht.

Ein eifersüchtiger Gott, der hasst. Ein Gott, der verlangt, dass Frauen zu Tode gesteinigt werden. Ein Gott, der gestörten Bombenattentätern, die auf einem gut besuchten Marktplatz unschuldige Frauen und Kinder in Flammen aufgehen lassen, Jungfrauen im Paradies bietet. Dieser Gott – dem stimme ich voll und ganz zu – wäre ein widerliches Wesen, das vielmehr Verachtung denn Verehrung verdient hätte. Er könnte sich mit dem Teufel darum streiten, wer der größte Schurke im Universum ist.

Doch dies ist nicht der Gott der ewigen Philosophie. Ein bewunderungssüchtiger Gott, der so etwas bräuchte, könnte im visionären wie im moralischen Sinne gar nicht so „groß" sein, um mit seinen Gedanken ein so großartiges Universum wie das unsere zu erschaffen. Der Gott, den ich in meinem Buch *Warum Gott nicht würfelt* vertrete und von dem ich hier spreche, ist ein ganz anderer Gott als der, den so viele Menschen heraufbeschwören, um ihren persönlichen Hass und ihre Albträume zu rechtfertigen.

Gott und Gottheit

Wie im vorangegangenen Kapitel erläutert, tritt die ewige Philosophie für eine Unterscheidung zwischen Gott und Gottheit ein. Auf den ersten Blick mag das als fragwürdige theologische Haarspalterei erscheinen, wie sie der theologischen Branche durchaus nicht fremd ist. Doch wie diejenigen berichten, die transzendente mystische Erfahrungen hatten, muss hier eine wichtige Unterscheidung getroffen werden. Die Gottheit der ewigen Philosophie wird als „reine, absolute und ewige Wirklichkeit" charakterisiert, unbeeinträchtigt von menschlichen Wesenszügen. Meister Eckhart schrieb:

Die Gottheit hat alle Dinge an Gott übergeben; sie ist so arm und nackt und leer, als wenn sie nicht wäre. Sie hat nicht, will nicht, bedarf nicht, arbeitet nicht, empfängt nicht. Gott hat den Schatz und die Braut in sich, die Gottheit ist so leer, als wäre sie nicht. Gott und die Gottheit sind so weit verschieden wie Himmel und Erde. Ebenso hoch steht die Gottheit über Gott. Gott wird und entwird.

Die Unterscheidung zwischen Gott und Gottheit ist nicht leicht nachvollziehbar, aber wichtig, und wird in den religiösen Allerweltspredigten kaum einmal erwähnt, geschweige denn verstanden. Doch die Unterscheidung eröffnet eine erstaunliche Möglichkeit.

Wie Sie wissen, wird die Gottheit als zugleich größer als die Unendlichkeit und kleiner als Null charakterisiert. Die Gottheit ist der höchste und absolute Ursprung, die ursachenlose Ursache, die ewige Intelligenz, die Nichts ist: Das raumlose, zeitlose Nichts, das größer ist als alle Dinge. Die Gottheit ist ein – für uns – unvorstellbares Paradoxon.

Aber was ist dann Gott?

Wenden wir uns einen Augenblick der Kabbala zu. Üblicherweise gilt sie als esoterische Komponente des Judentums, doch laut dem Kabbalisten Rav Berg vom Kabbalah Centre in Los Angeles

---

hat Kabbala ganz und gar nichts mit Religion zu tun. Gemäß den uralten Weisen der Kabbala hat Gott der Menschheit nie eine organisierte Religion auferlegt. Religion ist eine Erfindung des Menschen. Religion ist eine Verfälschung der Macht, die die Lichtkraft Gottes der Menschheit vor 3.400 Jahren auf dem Berg Sinai gegeben hat. Kabbala ist genauso wenig eine Religion wie Quantenphysik oder Einsteins Relativitätstheorie. (*Nano: Technology of Mind over Matter*, 2008)

In der Kabbala ist die Gottheit (auch Brahman) En-Sof. In seinem Buch *Kabbala* schreibt der Kabbala-Experte Gershom Scholem:

Der Entschluss, aus dem Verborgenen in die Manifestation und Schöpfung zu treten, ist in keiner Weise ein Prozess, der notwendig aus dem Wesen von En-Sof folgte; er ist eine freie Entscheidung, die ein stetes und undurchdringliches Geheimnis bleibt. Gott, der im Hinblick auf sich selbst als En-Sof bezeichnet wird, wird im Hinblick auf seine erste Selbstoffenbarung Ajin genannt.

Was soll das Kauderwelsch bedeuten?

Stellen Sie sich vor, Sie räumen den Jackpot im Lotto ab. Plötzlich haben Sie mehrere Millionen Euro auf dem Konto. Riesenfreude! Verzückung! Doch dann kommt die schlechte Nachricht. Sie dürfen keinen einzigen Cent davon abheben oder ausgeben. Es ist Ihr Eigentum, aber Sie können absolut nichts damit anfangen. Wozu ist alles Geld der Welt gut, wenn es nicht in nützliche Produkte oder wünschenswerte Taten umgesetzt werden kann? So sehe ich die Gottheit. Die Gottheit hat unendliches Potenzial, unendliche Macht, unendliche Fähigkeiten – aber das alles ist sterile Vollkommenheit.

Nach der Gottestheorie, die ich in *Warum Gott nicht würfelt* dargelegt habe, entschließt sich die Gottheit, Potenzial in Erfahrung umzuwandeln. Die Gottheit fasst den „Entschluss, aus dem Verborgenen in die Manifestation und Schöpfung zu treten". Ein Teil des unendlichen Nichts wird eine Realität. Eben dieser Teil des unendlichen Nichts ist der Schöpfergott. Deshalb schrieb Meister Eckhart, die Gottheit stehe über Gott: „Gott wird und entwird."

Die Gottheit offenbart einen Teil ihrer selbst, und diese Inkarnation der Gottheit ist der Schöpfergott. Die Gottheit „träumt" eine begrenzte und doch unendliche – es ist ein Mysterium! – Personifizierung ihrer selbst ins Leben; oder vielleicht sollte ich statt Personifizierung den Begriff „Deifizierung" prägen. Diese ist der Schöpfergott, dessen Rolle es ist, über sein Bewusstsein ein Universum entstehen zu lassen.

Ich glaube, dies ist der Ursprung des Urknalls: Die Emergenz von En-Sof in Manifestation und Schöpfung hinein. Das daraus resultierende Universum ist hinsichtlich seiner lebensfreundlichen Naturgesetze fein abgestimmt – auch im Hinblick darauf, dass dies sein Sinn und Zweck ist.

Daher schlage ich Folgendes vor:

- Die Naturgesetze unseres Universums sind die Manifestation, die Verwirklichung, einiger Gedanken der ewigen Intelligenz, des präexistenten Bewusstseins, das die Gottheit ist. Ihre Gedanken werden zu den Naturgesetzen, und deshalb sind die besonderen Gesetze unseres Universums lebensfreundlich.

- Der Schöpfergott ist der Teil der Gottheit, der in ihrem Schöpfungstraum lebendig wird, um diese Schöpfung ins Leben zu führen. Deshalb sagt Meister Eckhart, dass „Gott wird". Das bedeutet auch, dass Gott am Ende unseres Universums „entwird" – dann, wenn der Traum endet, aber die Gottheit natürlich fortbesteht. Um es deutlich zu machen: Gott ist kein von der Gottheit getrenntes Wesen, sondern lediglich ein dynamischer Aspekt der Gottheit. Stellen Sie sich das in etwa so vor wie den Unterschied zwischen dem, was Sie *sind*, und der Rolle, die Sie im Beruf spielen, als Lehrer, Unternehmer, Buchhalter – oder Naturwissenschaftler. Es mag eine Zeit kommen, in der sie nicht mehr Lehrer oder Unternehmer sind, aber Sie können nicht aufhören, Sie selbst zu sein.

- Das Schöpfungsereignis könnte die Entstehung sowohl physischer als auch nichtphysischer Welten umfassen, und tatsächlich behauptet die Kabbala ausdrücklich, dass es solche anderen Welten gibt. Die heutige Wissenschaft anerkennt selbstverständlich nur eine physische Welt. Andererseits erfordert die String-Theorie die Existenz zusätzlicher Dimensionen, die andere Universen beherbergen könnten.

- Der physische Schöpfungsakt ist nichts anderes als der Urknall. Der Urknall ist der physische Schöpfungsakt von innen betrachtet.

- Da alles in unserem Universum ein Produkt des Bewusstseins ist, ist es letztendlich nichts als Bewusstsein.

Ein geistiges Universum

Die Auffassung, dass die Wirklichkeit rein physisch ist, lässt sich bis zu den beiden griechischen Philosophen Leukipp und seinem Schüler Demokrit im 5. Jahrhundert v. Chr. zurückverfolgen. Sie sind die Begründer der Vorstellung von Atomen als ewigen, unzerstörbaren Dingen, den einzigen Dingen, die es wirklich geben kann. Damit sind sie die ersten beiden reduktionistischen Materialisten. Platon hingegen schlug vor, unsere Welt sei lediglich eine Schattenwelt einer größeren Wirklichkeit der Ideen oder Formen. Was mit *Form* genau gemeint ist, darüber kann man streiten, die entscheidende Vorstellung ist aber, dass die physische Welt nicht die einzige, ja tatsächlich sogar die geringere Welt ist und ihre Existenz einer anderen Ideenwelt verdankt. Interessanterweise schrieb Werner Heisenberg, einer der wichtigsten Begründer der Quantenmechanik, über diese beiden Perspektiven der letztendlichen Natur der Wirklichkeit:

Es scheint, dass in der Frage nach der Struktur der Materie Platon der Wahrheit sehr viel näher gekommen ist als Leukipp oder Demokrit, trotz des enormen Erfolges, den der Atombegriff in der modernen Naturwissenschaft errungen hat. („Das Naturgesetz und die Struktur der Materie" in *Schritte über Grenzen*, 1971/1984)

In einem 2005 veröffentlichten Aufsatz behauptet der John Hopkins Professor Richard Conn Henry ebenfalls, wenn man die Quantenmechanik ernst nehme, müsse das Universum letztendlich immaterieller Natur sein. Wie Jeans betrachtet auch er das Universum als vollständig geistig und sagt, Eddington zitierend:

Der auf Tatsachen eingestellte Physiker wird sich nur schwer die Auffassung zu eigen machen, die Grundlage aller Dinge sei letztlich geistiger Natur.

Gestützt auf seine Interpretation der Quantenmechanik schließt er seinen Aufsatz mit der Feststellung: „Das Universum ist immateriell – geistig und geistlich." Für einen Aufsatz, der in *Nature* erscheint, ist dies eine ziemlich interessante Position, doch abgesehen von der Terminologie, die einem Physiker aufgrund einer gewissen Voreingenommenheit gegen die Philosophie vielleicht unangenehm aufstoßen könnte, ist an diesen Gotteskonzepten tatsächlich nicht das Geringste dran, was naturwissenschaftlichen Entdeckungen widerspräche. Unser wissenschaftliches Wissen beginnt mit dem Urknall.

Irgendwo im Zwischenreich zwischen Theorie und Spekulation liegt die Auffassung, die String-Theorie oder Inflationsfelder seien der Schlüssel zum Ursprung unseres Universums. Wenn es viele weitere Universen gibt, dann lässt sich leicht konventionell erklären, warum unseres so besonders erscheint. (Unter anderen Bedingungen könnten wir nicht leben, deshalb befinden wir uns natürlich hier.) Aber dies erklärt immer noch nicht, wie ein ganzes Ensemble weiterer Universen entstanden sein soll. Sind die String- oder Inflationsfelder als präexistente Bedingungen zu verstehen? Als ursachenlose Ursachen?

Irgendwo im Zwischenreich zwischen mystischem Wissen und Spekulation liegt die Auffassung, dass eine unendliche Intelligenz unser Universum ins Dasein gedacht hat. Ich ziehe diese Erklärung der von den Zufallsuniversen mit ihren ungelösten Verursachungsfragen vor, aber beide sind vertretbar. Ich behaupte, dass die Erklärung, die eine unendliche Intelligenz vorsieht, eine erstaunliche Konsequenz zu bieten hat: *Dass das Universum einen Sinn hat, dass dieser Sinn in der Umwandlung von Potenzial in Erfahrung besteht und dass ein zentrales Element in diesem Plan die Entwicklung von Lebensformen ist.*

An dieser Stelle braucht Gott Darwins Hilfe.

Die Frage nach dem Warum

Die ewige Philosophie bietet eine tiefgründige spirituelle Deutung, die auf einem über alle Zeiten hinweg erworbenen intuitiven Wissen basiert. Sie besagt sehr dezidiert, dass unser Wesen mit dem Gottes identisch und das Universum das Resultat von und daher letztendlich auch reduzierbar auf Bewusstsein ist. Unklar bleibt meines Wissens einzig die Frage nach dem Warum. Warum sollte eine solche Schöpfung stattfinden? Welchem Sinn und Zweck dient sie?

Praktisch alle Religionen betrachten den Menschen und andere Lebewesen als getrennt von Gott. Auf die Frage, warum Gott so etwas tun sollte – ein Universum erschaffen, in dem von Gott getrennte Lebensformen entstehen – lautet die Erklärung häufig sinngemäß, Gott habe sich Wesen gewünscht, die er lieben könne. Dies wird uns als wunderbares Anzeichen für einen wohlwollenden Gott angepriesen, der es darauf abgesehen hat, uns zu lieben – oder zumindest diejenigen, die spuren und ihn nicht verärgern oder Schlimmeres anstellen.

Ich glaube, die Erklärung ist einfacher: Gottes Bewusstsein will sich erfahren, indem es sich ausdrückt. Gott möchte sein Potenzial umsetzen. Aus der ewigen Philosophie wissen wir bereits, dass unser Wesen dasselbe ist wie das Gottes. Dies hat zur Folge, dass jeder Mensch im Wortsinne eine Inkarnation Gottes ist, die sein Potenzial erlebt. Gott will nicht unser himmlischer Kumpel sein, er *ist* wir und wir sind er. Offensichtlich aber sind wir Gott in sehr begrenzter Weise. So schrieb Bernhard von Clairvaux, der französische Abt aus dem 12. Jahrhundert:

> Die spirituelle Kreatur, die wir sind, braucht einen Körper, denn ohne ihn könnte sie nie zu der Erkenntnis gelangen, die der einzige Zugang zur Seligkeit ist.

Die spirituelle Kreatur, die einen Körper braucht, ist Gott. Die spirituelle Kreatur, die in einem Körper lebt, sind wir. Gott erfährt sein Potenzial durch uns und durch alle anderen Kreaturen im Universum, selbstverständlich einschließlich von Tieren, wie etwa meiner liebenswürdigen, aber nicht sehr aufregenden Schildkröte Pogo. Gottes Bewusstsein wohnt jeder Kreatur inne und erfährt sie daher, und zwar deshalb, weil Brahman und Atman eines Wesens sind. Der Kabbala-Gelehrte Daniel Matt schreibt:

> Indem er sich durch die Raumzeit hindurch entwickelt, indem er sich in die komplexe Vielfalt des Daseins begibt, wächst und lernt Gott unendlich und entdeckt Wahrnehmung durch jeden einzelnen Menschen – Gottes zahllose unnachahmliche Selbste. ... In unserem kosmischen Versteckspiel verbirgt sich Gott in jedem Menschen, in der gesamten Schöpfung und in der gesamten Raumzeit. ... Gott ist verkleidet als Welt, und Sinn und Zweck des Schöpfungsspiels ist die Entdeckung des Göttlichen, die Erforschung der Grenzen dessen, was wir

sind, die Verwirklichung von Gottes Selbstwahrnehmung. Unser Bewusstsein ist das Universum, das sich seiner gewahr wird, Gott, der sich Seiner gewahr wird. ... Ohne uns ist Gott unvollständig. Die göttlichen Funken bleiben verborgen, das göttliche Potenzial wird nicht verwirklicht. (*God and the Big Bang*)

Wenn wir Gott sind, warum wissen wir das dann nicht?

Andrew Cohen und Ken Wilber sind einflussreiche zeitgenössische Denker. In der Zeitschrift *What is Enlightenment* erschien vor Kurzem ein Gespräch zwischen ihnen über Sinn und Zweck des Universums, die Bedeutung der Evolution und die uralte Frage nach dem, was wir wahrhaft sind.

Cohen: Bevor das Universum geboren war, gab es nur Eines, und aus diesem Einen waren noch nicht die Vielen geworden. Warum wurden aus dem Einen die Vielen?

Dies ist das große Geheimnis. Wenn das Eine, die Gottheit, ein absolut vollkommener Geist ist, in formloser Leere ruht und sich seiner ewigen Glückseligkeit und Allwissenheit erfreut, warum hat es dann beschlossen, „etwas zu unternehmen"?

Das Eine beschloss, ein Universum zu erschaffen, worin es die Vielen erfahren könnte. Aber die Vielen konnten kein Fertigprodukt sein. Damit das, was Wilber das „Kosmische Spiel" nennt, interessant, neuartig und spannend würde, mussten die vielen Verkleidungen des Einen durch die Naturgesetze des erschaffenen Universums – einschließlich der Evolution – frei entstehen können. Damit das aber funktionieren kann, müssen die Vielen – also wir – vergessen, wie das Spiel angefangen hat.

Wilber: ... Man kann nicht den ganzen Evolutionsprozess durchlaufen, wenn man weiß, dass man Gott ist. Das funktioniert einfach nicht. Deshalb muss man vergessen, wer man ist; man muss sich verirren – überzeugend verirren – sonst ist es kein Spiel und macht überhaupt keinen Spaß! Also verirrt man sich und erwacht dann ganz allmählich. ... An einem bestimmten Punkt wird die Evolution sich schließlich ihrer selbst bewusst und danach überbewusst. Aber bis dahin hat es vierzehn Milliarden Jahre gedauert.

In gewissem Sinne spielt das Eine ein ausgeklügeltes Versteckspiel mit sich selbst. Deshalb ist unsere spirituelle Amnesie so wesentlich.

Wilber: Es gibt nur eine Möglichkeit, ein Spiel mit sich selbst zu spielen. ... Man spielt den anderen und vergisst, dass man der andere ist. Diese Amnesie, diese Unwissenheit, dieses Avidya ist die wichtigste Zutat in diesem Spiel. Das Kosmische Spiel ist also einerseits ein spontanes Lila, ein Sport oder Spiel, der Wunsch, sich in zahllose Formen zu werfen. Damit verbunden entsteht zugleich die Unwissenheit, das Vergessen. Deshalb sagt Platon, alles Wissen sei Erinnerung.

Cohen: Man erkennt, ich bin der Schöpfer, und weiß zugleich, dass es sechs oder sieben Milliarden weitere Schöpfer gibt. Die höchste Wahrheit ist jedoch, dass ich in Wirklichkeit der einzige bin. ... Es zeigt sich, dass man nur zwei Möglichkeiten hat: Entweder man macht ewig weiter wie bisher [also nichts] oder man tut das Einzige, was man tun kann, das heißt, man macht sich daran, ein materielles Universum nach seinem Bilde zu erschaffen.

Die Rolle der Evolution

Eine Rolle auf der Bühne zu spielen, ist etwas ganz anderes, als im realen Leben zu stehen. Ich bezweifle, ob ein Schauspieler oder eine Schauspielerin, die bei Verstand ist, jeden wachen Moment ihres Daseins auf der Bühne irgendein Stück spielen wollte, statt ein richtiges Leben zu führen.

Es gibt eine direkte Analogie. Die Evolution der Lebensformen auf der Erde ist eine wissenschaftliche Tatsache. Ich sehe nicht nur keinerlei Notwendigkeit, warum Gott die Charakteristika der Lebensformen direkt erschaffen oder bis ins Kleinste austüfteln sollte, sondern ich würde dieses Verhalten auch als antithetisch zu Gottes Wunsch betrachten, sich zu erfahren. Ich behaupte: Für Sinn und Zweck des Universums ist es ausschlaggebend, dass es – sobald die Gesetze festgelegt sind und der Urknall in Gang gesetzt ist – nur eine Möglichkeit gibt, Neues zu initiieren, nämlich, indem der Prozess der natürlichen Auslese beginnen kann. Erst das Neue und Unerwartete macht das Leben interessant. Gott will Neuartigkeit.

In seinem Buch *God After Darwin* legt der Theologe John Haught eine überzeugende Argumentation dafür vor, dass Darwins Theorie Erkenntnisse über eine Intelligenz liefert, die ihre kreative Essenz ins Universum ergießt und ihr die Zügel schießen lässt, damit sie die Dinge geschehen lassen kann. Statt wie ein Puppenspieler die Fäden zu ziehen, gibt dieser Gott die Kontrolle freiwillig an seine Geschöpfe ab, damit innovative Möglichkeiten entstehen können. Ungeplante, unvorhergesehene, willkürlich entstehende Möglichkeiten, die sich als natürliches Resultat aus dieser Freiheit ergeben, machen die Schöpfung prickelnder. Bei der Erschaffung des Universums hat Gott, so

Haught, absichtlich die Allmacht über diese Welt aufgegeben, damit sie dem freien Willen der Schöpfungswesen nicht in die Quere kommt. Aufgrund dieses höchsten Ausdrucks von Gottes Liebe hat das Universum nun die Möglichkeit, an seiner Ausgestaltung mitzuwirken. Haught schreibt:

> Liebe kann schon ihrer Natur nach nicht zwingen, daher ist von einem Gott, der seinem Wesen nach Liebe ist, nicht zu erwarten, dass er die Welt entweder mit einer zwingend leitenden Kraft oder mit einer vernichtenden Gegenwart überwältigt. Ja, eine unendliche Liebe muss sich in gewisser Weise absentieren oder zurücknehmen, gerade um der Welt den Raum zu lassen, in der sie etwas werden kann, was sich von der schöpferischen Liebe unterscheidet, die sie als das andere konstituiert. Wir sollten daher davon ausgehen, dass ein Universum, das in grenzenloser Liebe wurzelt, einige Eigenschaften aufweist, die uns willkürlich und ungesteuert vorkommen.

Eine unendliche Intelligenz, die ihr eigenes Potenzial erfahren kann, steht nicht im Widerspruch zu Darwins Ideen über Zufallsmutation und natürliche Auslese. Ja, die darwinistische Evolution durch Zufallsmutation und natürliche Auslese gibt Gott sogar die Möglichkeit, durch das Abenteuer der Inkarnation und des Lebens in einer Vielzahl unterschiedlichster Lebensformen die Resultate seines Potenzials zu erfahren.

„Es würde dem Wesen der Vorsehung und der Vollkommenheit der Welt zuwiderlaufen, wenn nichts aus Zufall geschähe", sagte Thomas von Aquin.

Zu diesem Zweck der Erfahrungssuche, der hinter der Gottestheorie steht, gehört ein Universum, in dem es vor kontinuierlich vorhandenen Lebensformen und empfindenden Wesen nur so wimmelt, angefangen von Pflanzen über Tiere bis zu Menschen und vermutlich noch weiter entwickelten Wesen anderswo im Universum. Anders als die Reduktionisten behaupten, ist die darwinistische Naturwissenschaft nicht auf eine wissenschaftliche Ideologie begrenzt, die keinen Gott und keinen Sinn und Zweck haben darf. In Wirklichkeit sind Darwin und Gott recht gut miteinander vereinbar, insbesondere wenn das Ziel Verwirklichung von Potenzial heißt.

Entwickelt sich Bewusstsein auf einen Omega-Punkt zu?

Teilhard de Chardin, der Jesuit und Paläontologe, behauptete, die Evolution schreite in einer gerichteten, zielorientierten Weise fort. Mit dem Begriff „Omega-Punkt" beschrieb er, wie Bewusstsein sich in einem Evolutionsprozess entwickelt und schließlich einer endgültigen Einheit nähert. Teilhards Lösung deutet auf eine teleologische Sicht der Evolution hin, doch dies ist etwas ganz anderes als Intelligent Design. Die Fähigkeiten der Evolution werden nicht bestritten, sondern nur durch ihre treibende Kraft neu interpretiert. Die Evolution schreitet voran, indem sie die Lebensformen zur Vervollkommnung drängt, und nicht nur durch Zufallsmutationen, so behauptet Teilhard.

Obwohl sich ein Drängen zur Vervollkommnung mit konventionellen wissenschaftlichen Messungen wohl nicht nachweisen lässt, schlage ich vor, dass die Evolution von Lebewesen mittels einer Kombination aus physikalischen und deterministischen Prozessen, verbunden mit einem Prinzip höherer Ordnung, vor sich geht, in das wir noch wenig Einblick haben. Allem Anschein nach haben Lebewesen selbstschöpferischen, selbstorganisierenden Charakter, was auf den Einfluss einer höheren Ordnung schließen lässt. Darüber hinaus ermöglicht ein „Spielraum", dass Zufall und Kontingenz im Evolutionsprozess

DIE VERBORGENE INTELLIGENZ IM UNIVERSUM

eine innovative Bandbreite möglicher Resultate hervorbringen. Reduktionisten vermuten hingegen, dass Ordnung und Information bei Lebewesen allein aus elementaren physikalischen Prozessen hervorgehen, weil sie glauben, nur geistlose Materie sei real.

Interessanterweise äußerte auch der Physiker Wolfgang Pauli Zweifel, ob tatsächlich nichts weiter als Zufallsmutationen die Evolution zu immer größerer Komplexität treiben. Werner Heisenberg fasste Paulis Ansichten wie folgt zusammen:

> Im Hinblick auf diese einstweilen rational nicht formulierbare einheitliche Ordnung des Kosmos ist Pauli auch skeptisch gegen die in der modernen Biologie sehr verbreitete darwinistische Auffassung, nach der die Entwicklung der Arten auf der Erde allein durch zufällige Mutationen und ihre Auswirkungen nach den Gesetzen von Physik und Chemie zustande gekommen sein sollen. Er empfindet dieses Schema als zu eng und hält allgemeine Zusammenhänge für möglich, die weder in das allgemeine Begriffsschema kausaler Strukturen eingeordnet noch durch den Begriff „Zufall" richtig beschrieben werden können. (Heisenberg, *Schritte über Grenzen*, 1971)

Zugegebenermaßen finde ich den philosophischen Reiz von Teilhards Omega-Punkt anziehend, seine Vorstellung eines glaubwürdigen Mechanismus, den er nicht nachweisen kann, hingegen weniger überzeugend. Teilhard präsentiert eine verlockende Andeutung auf eine evolutionäre Hoffnung, die im kosmischen Maßstab verwirklicht wird. Er behauptet, das Universum werde sich zu höchster Vollkommenheit entwickeln, statt in einen endgültigen Zustand maximaler Entropie zu verfallen.

Diese eine Schöpfung (die es in unendlicher Anzahl geben mag) wird eines Tages vollendet sein – und zwar infolge der Gesetze der natürlichen Auslese in der physischen Welt, so behauptet er, sowie meiner Ansicht nach auch aufgrund des Waltens von Karma in der geistigen Welt. Letztendlich wird sie alles werden, was sie nur sein kann; sie wird ihr Potenzial voll entfalten und Gott dadurch bereichern. Durch das Leben im Universum und die damit verbundenen Erfahrungen transformiert, wird jede Erfahrung jedes Bewusstseins zur unendlichen Intelligenz zurückkehren, aus der es geboren wurde. Mir ist Teilhards spirituelle Hoffnung lieber als die pessimistische Aussicht auf den Endzustand eines Universums, der aus maximaler Entropie besteht.

Wenn Mystiker sagen, das Universum sei der Leib Gottes, dann bringen sie Reduktionisten damit zur Weißglut, die diese Aussage daraufhin als entweder rein poetisch oder rundweg verrückt abtun. Nur sehr wenige Reduktionisten versuchen, die wahre Bedeutung dieser Behauptung der Mystiker zu verstehen. Ihr „Leib Gottes" ist mehr als bloß eine poetische Metapher, behaupten Philosophen wie Huxley und Teilhard. Sie beharren darauf, dass die Behauptung der Mystiker eine Wahrheit enthält, die wir zumindest zu verstehen versuchen, wenn nicht gar in der ewigen Philosophie, im Omega-Punkt und auch in der Gottestheorie vollständig begreifen können. Diese Wahrheit, dass Gott durch uns lebt, ist die Grundlage, auf der wir ein humanes und optimistisches spirituelles Weltbild aufbauen können.

7

BLOSS NICHT IN DEN HIMMEL KOMMEN

„Die Ewigkeit ist ganz schön lang, besonders gegen Ende."
Woody Allen

Einer der erschreckendsten Gedanken, die mir je gekommen sind, ist die Vorstellung, im Himmel zu sein. Das Problem ist Folgendes: Er hört nie auf. Ein besonderes Kennzeichen des Himmels, von dem offenbar durch die Bank alle Religionen sprechen, ist, dass der Aufenthalt darin ewig dauert. Versprochen wird ewiges Glück. Aber das ist ein Oxymoron, ein Widerspruch in sich. Alles, was man tut, egal wie angenehm es zunächst ist, kann langweilig und schließlich sogar unerträglich werden. Bei unendlicher Dauer wird garantiert alles zur Qual. Allein die Vorstellung, dass etwas immer weitergeht und niemals enden kann, ist für mich der schlimmste Albtraum überhaupt.

Dies wurde in einer Folge der wunderbar kreativen Fernsehserie *The Twilight Zone* aus den 1960er Jahren anschaulich dargestellt. Die Sendung beginnt wie üblich mit einem Zigarette rauchenden Rod Serling, Moderator und führender Kopf der Serie. Er erklärt:

Portrait eines Mannes bei der Arbeit, der einzigen Arbeit, die er je getan hat, der einzigen Arbeit, die er kennt. Sein Name ist Henry Francis Valentine, aber er nennt sich „Rocky", weil so auch sein ganzes Leben war – steinig und riskant, die ganze Zeit in vollem Lauf bergan. Jetzt ist er müde – er hat es satt, zu rennen oder zu darben, auf die Verschnaufpausen zu warten, die ohnehin immer nur die anderen bekommen, aber nie er, Rocky Valentine. Ein verängstigter, zorniger kleiner Mann. Er glaubt, nun sei alles vorbei, aber da täuscht er sich. Für Rocky Valentine ist das erst der Anfang. (Nachdruck mit freundlicher Genehmigung der Don Congdon Associates, Inc.)

Die Geschichte beginnt damit, dass Rocky ein Pfandleihhaus ausraubt. Er erschießt einen Nachtwächter und einen Polizisten, bevor er selbst von einem anderen Polizisten erschossen wird. Er wacht irgendwo auf, scheinbar unverletzt. Bei ihm ist eine freundliche Gestalt namens Pip. Pip behauptet, Rockys Führer zu sein, und sagt, er habe die Anweisung, Rocky jeden Wunsch zu erfüllen. Natürlich nimmt Rocky an, dass er wundersamerweise in den Himmel gekommen und wohl sein Schutzengel bei ihm sein muss. Wie wunderbar. Das Leben geht mit scheinbar endloser Wunscherfüllung und Glück weiter. Er macht irgendwelche Spiele und geht aus ihnen natürlich stets als Sieger hervor. Er sucht die Aufmerksamkeit schöner Frauen und wird nie abgewiesen. Dies geht so lange weiter, bis es Rocky definitiv reicht, bis er sich langweilt und genug hat vom Himmel. In seiner Verzweiflung bittet er Pip, ihn „an den anderen Ort" zu schicken.

Ein diabolisch grinsender Pip erwidert: „Hier *ist* der andere Ort."

Die Sendung endet mit Rod Serlings abschließender Bemerkung: „Ein verängstigter, zorniger kleiner Mann, der nie zur Ruhe kam. Jetzt hat er alles, was er sich je gewünscht hat, und er muss bis in alle Ewigkeit damit leben … in der Twilight Zone."

Versuchen Sie wirklich einmal, sich diese endlose Wiederholung vorzustellen und sich auszumalen, wie es wäre, wenn Sie wüssten, dass etwas niemals aufhört. Wenn Sie der Gedanke nicht erschreckt, dann haben Sie sich wahrscheinlich die volle Bedeutung der Wendung „für immer" nicht vergegenwärtigt. Mir läuft es dabei eiskalt über den Rücken.

Meine persönliche philosophische Meinung lautet, dass es logisch nicht möglich ist, dass die Zeit endlos weitergeht, obwohl ich natürlich aufgeschlossen bin für astrophysikalische Beobachtungen hinsichtlich der Ausdehnung des Universums. Der Gott der ewigen Philosophie lebt nicht für immer in der Zeit. Nach Ansicht der ewigen Philosophie steht Gott außerhalb des Laufes der Zeit und ist nicht an Raum und Zeit gebunden. So etwas können wir uns unmöglich vorstellen. Wenn Gott außerhalb der Zeit steht, ist er dann nicht so träge und leblos wie eine Museumstafel? Tatsächlich wird die Gottheit als ohne jegliche Aktivität bezeichnet, als unveränderlich, absolut und vollkommen.

Mit den Worten des Taoisten Laotse: Sie ist gelassen. Leer. Einzig. Unveränderlich. Unendlich. Ewig gegenwärtig.

Es muss das tiefste Geheimnis bleiben, inwiefern ein solcher Zustand absolut vollkommen und größer sein soll, als wir uns vorstellen können, und doch in der Zeit nicht existiert.

Scherzhaft wird gelegentlich behauptet, die Zeit sei das, was verhindert, dass alles auf einmal geschieht. Doch darin liegt mehr als nur ein Körnchen Wahrheit. Die Raumzeit-Umgebung ermöglicht Gott, sich in zahllose einzelne Bewusstseine aufzuspalten und so Trennung voneinander und Wechselwirkung miteinander zu erfahren, zum Beispiel mit Ihnen und mir. Vielleicht wird Zeit daher für Gott zu einem Instrument zur Entwicklung seines eigenen Wesens. Aber das ist nur eine Vermutung.

Höchst problematisch sind am Himmel außerdem die Eintrittsbedingungen. Die Umstände, in die Menschen hineingeboren werden, und die Situationen, denen wir uns im Leben stellen müssen, sind ungeheuer vielfältig. Dennoch wird auf der Grundlage eines einzigen Durchlaufs durch das Leben angeblich gerecht beurteilt, ob wir in den Genuss himmlischer Freuden kommen dürfen – oder nicht. Ein Baby, das es gerade noch bis zur Taufe schafft, bevor es an seinem Schnuller erstickt, hat allem Anschein nach die beste Freikarte: Gehe nicht über Los, gehe direkt in den Himmel. Dieses Arrangement hat etwas zutiefst Willkürliches und Beunruhigendes.

Beim Himmelskonzept erhebt sich außerdem die Frage, was mit den faulen Äpfeln dieser Welt geschehen soll. Soll ein Sinneswandel auf dem Sterbebett genügen, um einen Hitler oder Stalin durch das Himmelstor zu lassen? Die meisten würden sagen: Nein. Wenn man also einen klassischen Himmel und eine Regel hat, die nur eine einzige Chance vorsieht, dann ist klar, dass man für die richtig üblen Genossen eine Hölle braucht – was folgerichtig auch die meisten Religionen behaupten.

Das Standardmodell des Lebens

Denken Sie daran, dass Atman und Brahman ihrem Wesen nach identisch sind. In diesem Fall müsste Gott einen Teil seiner selbst in die Hölle schicken. Dieses „Standardmodell des Lebens", wie man es analog zur Physik bezeichnen könnte, wird von den westlichen Religionen tatsächlich vertreten und folgendermaßen definiert:

* Erschaffen, aber getrennt von Gott
* Lediglich einmalige Inkarnation
* Belohnung oder Bestrafung für dieses eine Leben durch Eingang in einen ewigen Himmel oder eine immerwährende Hölle.

Ich schlage ein alternatives Modell des Lebens nach der Gottestheorie vor:

- Ein Funke von Gottes Bewusstsein, der sich von Gott getrennt glaubt
- Zahlreiche Inkarnationen
- So viele Chancen auf ein Leben wie erforderlich, um einen Zustand zu erreichen, in dem die Wiedervereinigung mit Gott möglich wird.

Gleich mehrere offensichtliche Probleme des Standardmodells sind im Gottestheorie-Modell elegant gelöst. Erstens schafft es faire Rahmenbedingungen im Hinblick auf die Lebensumstände. Der habgierige Wirtschaftsmagnat, der nur darauf aus ist, auf Kosten anderer Milliarden zu scheffeln, könnte sehr wohl ein paar hundert weitere Leben als Penner auf der Straße verbringen müssen, um sein mieses Verhalten aufzuwiegen und sein Voranschreiten auf dem Weg zur Erleuchtung zu fördern.

Außerdem löst das Modell das Höllenproblem. Ein Hitler und ein Stalin haben eindeutig jede Menge Haltungskorrektur und karmische Kompensation vor sich. Doch mir erscheint es sinnvoller, wenn dies durch so viele weitere Leben erfolgt, wie unter den entsprechenden Umständen eben nötig sind, als wenn man für die Halunken eine Hölle einrichtet.

Was den Himmel anbelangt, so gilt: Wenn wir alle Gottesfunken sind, dann besteht gar keine Notwendigkeit für ein himmlisches Paradies, in dem Wesen, die von Gott getrennt sind – wir – auf ewig in angeblich immerwährender Glückseligkeit auf Du und Du mit Cherubim und Seraphim sein können. Der Himmel ist stattdessen das vollständige Erwachen aus dem Wahn der Trennung von Gott und daher die Wiedervereinigung mit Gott.

Schließlich beseitigt dieses Modell des Lebens das Problem der Schöpfung aus dem Nichts, den Glauben, dass so etwas wie unser Universum einfach aus dem Boden gestampft wurde. Dies wird wohl die meisten Menschen nicht weiter beschäftigen, da Gott schließlich fähig sein sollte, etwas aus dem Nichts heraus zu erschaffen. Dies wird jedenfalls von den Religionen verbreitet als Gottes Macht angepriesen. In gewissem Sinne erscheint es allerdings logischer, dass Gott alles ist, was es gibt, dass es nichts wirklich Getrenntes geben kann. Dann muss Gott nicht mit den Fingern schnippen und Kaninchen oder Universen aus dem Hut zaubern. Stattdessen ist die ganze Schöpfung ein Teil Gottes, ein Teil, der sozusagen „abgegrenzt" wurde, damit die Regeln des Universums ihren Lauf nehmen, Leben entstehen und sich entwickeln lassen können, damit etwas von Gottes Bewusstsein in diese Lebensformen eintreten und etwas von Gottes Potenzial erleben kann.

Meiner Ansicht nach ist eine Schöpfung aus dem Nichts unmöglich, und es gibt nur Gott. Gott kann scheinbare Realitäten erschaffen – wie zum Beispiel unser Universum – aber diese „Schöpfung" ist immer noch ein Teil Gottes. Gott kann sozusagen einen Teil von sich „abgrenzen", damit es den Anschein hat, als sei dieser Teil eine separate, eigene Realität; letzten Endes aber ist dies eine Illusion, so etwas wie ein Traum Gottes. Wir leben einen solchen Traum, doch in Wirklichkeit sind wir dabei nur ein Teil Gottes, auch wenn unsere scheinbare Getrenntheit und Eigenständigkeit ziemlich echt wirken. Der Sinn der Erschaffung von Wirklichkeiten liegt darin, die Möglichkeiten, die in der jeweiligen Wirklichkeit stecken, erfahrbar zu machen, damit Gottes Potenzial zu Gottes Erfahrung wird.

Wenn Gott etwas aus Nichts erschaffen könnte, wo würde diese Fähigkeit dann enden? Warum könnte Gott nicht einen weiteren Gott erschaffen, der wiederum einen weiteren Gott erschafft. So hätte man recht schnell eine unendliche Anzahl von Göttern. Wo würden die alle eine einträgliche, einem Gott angemessene Beschäftigung finden? Zu viele arbeitslose Götter könnten zu einer Belastung für das System werden. Ich bin da zum Teil etwas sarkastisch – aber denken Sie einmal darüber nach.

Erschaffung durch Subtraktion

Wenn Sie versuchen wollen, sich diese Sicht der Schöpfung bildlich vorzustellen, dann denken Sie an ein Prisma, mit dem Sie Blau oder Rot aus einem weißen Lichtstrahl ausfiltern. So ist es auch bei einem Regenbogen. Die Wassertröpfchen in der Luft brechen das weiße Sonnenlicht, und es entsteht ein bunter Regenbogen, dessen Farben vor ihrer Aussortierung alle Bestandteile des weißen Lichtes waren. Die Farben kamen nicht aus dem Nichts. Sie kamen aus allem, rhetorisch gesprochen: Aus der Gesamtheit des weißen Lichtes. Wer wäre darauf gekommen, dass weißes Licht aus allen Farben zusammengesetzt ist und diese sämtlich darin verborgen sind? Nun ja, die Antwort lautet: Isaac Newton.

Denken Sie daran, wie ein Dia- oder Filmprojektor funktioniert. Ein helles weißes Licht wird durch einen Filter geleitet – nämlich den Film oder das Dia – der das weiße Licht gerade so weit absorbiert, dass ein Bild entsteht. An dieser Stelle wird alles ausgefiltert außer Blau, an jener alles außer Rot, und so weiter. Das Endergebnis des übrigen ausgefilterten Lichtes ist ein Bild. Es entsteht durch selektive Subtraktion des weißen Lichtes. Das weiße Licht ist der potenzielle Ursprung einer unendlichen Bildervielfalt. Durch entsprechende räumliche Filterung des weißen Lichtes kann jedes beliebige Bild erzeugt werden. Das Bild entsteht durch Subtraktion vom weißen Licht.

Ich schlage vor, dass Gott auf eine grob analoge Weise in einem – in Ermangelung eines besseren Wortes – spirituellen Raum von seinem unendlichen Potenzial alles bis auf einen bestimmten Teil subtrahiert. Was in diesem spirituellen Raum, den Kabbalisten als die Leere bezeichnen, übrig bleibt, wird zur Schöpfung. In unserem Falle ist dies das physische Universum, und es beginnt buchstäblich mit einem Knall, dem Urknall. Unser Universum ist also nicht aus dem Nichts entstanden. Es ist aus Allem entstanden, und dieses Alles ist Gott. Es ist ein winziges Etwas jener unendlichen Quelle, die Gott ist, ein winziges Etwas mit genau den richtigen verbleibenden

Zutaten für ein reiches, entwicklungsfähiges, Leben erzeugendes Universum.

Gott als zeitloses Absolutes

Die ewige Philosophie versichert, Gott, der Urgrund allen Seins, sei letzten Endes nichts – ein absolutes Wesen jenseits aller Attribute, „reine, absolute und ewige Wirklichkeit".

Johannes vom Kreuz schreibt:

[Solche Seelen sind dann gewissermaßen wie die Heiligen im Himmel], wo diejenigen, die Ihn vollkommen wahrnehmen, gleichzeitig auch am klarsten erkennen, dass Er unendlich unbegreiflich bleibt.

Das „Klare Licht der Leere" im Mahayana-Buddhismus ist laut Huxley dasselbe wie das Versinken im Nichts, zu dem Meister Eckhart drängt:

Du sollst Gott lieben, wie Er ist: Ein Nichtgott, ein Nichtgeist, eine Nichtperson, ein Nichtbild. Eine einzige Absolute Realität ohne jede Zweiheit, in der wir ewig von nichts zu nichts sinken müssen.

Wahres Wissen von diesem Gott kann nur durch Vereinigung mit Ihm in der mystischen Erfahrung erlangt werden, nicht durch rationale Analyse oder intellektuelle Überlegungen. Dieses unmittelbare Wissen übersteigt das intellektuelle Wissen.

Gleichwohl ist dies ein Buch. Es kann nicht anders als zu versuchen, rational und analytisch zu sein. Es kann dem Leser nicht die Erfahrung des Einswerdens mit dem Absoluten verleihen. Dies übersteigt die Macht des gedruckten Wortes. Es bleibt uns nichts anderes übrig, als uns dem Gotteskonzept mit Worten anzunähern.

Wenn Gott als Wesen vollkommener Liebe und unendlicher Glückseligkeit beschrieben wird, dann erscheint uns dies als etwas Gutes. Schließlich streben wir selbst nach Liebe und Glückseligkeit als etwas, was uns glücklich macht. Allerdings gibt es da die Komplikation, dass ein „Wesen", das als „nichts" beschrieben wird, schwer zu *groken*, d. h. zu verstehen ist, um es in der farbenreichen Sprache des Science Fiction Autors Robert Heinlein auszudrücken. Doch dank der Attraktivität von Liebe und Glückseligkeit können wir wahrscheinlich ein leichtes Unbehagen wegen des Nichts-Aspektes Gottes tolerieren und uns mit den Aspekten Liebe und Glückseligkeit identifizieren.

Gott als das Absolute wird außerdem als in einer Welt jenseits von Raum und Zeit sowie in einem Zustand vollkommener, unveränderlicher, unbeweglicher, unendlicher Ruhe existierend beschrieben. Das ist noch viel schwerer zu groken. Manchen mag es sogar unheimlich vorkommen. Mich schaudert dabei ein wenig. Ist Gott ein erstarrtes Stillleben? Ist Gott so träge wie ein Toter? Das klingt ganz und gar nicht attraktiv. Wenn es aber wahr ist, wie könnte ein solcher Gott ein Universum erschaffen, wenn der Schöpfungsakt doch Aktion und Veränderung beinhalten muss?

Als Astrophysiker kenne ich mich mit dem Raumzeit-Konzept in Einsteins Relativitätstheorie recht gut aus. Es ist schlicht unmöglich, eine schöpfungsfähige Existenz ohne Raum und Zeit in der mir bekannten Raumzeit unterzubringen. Ich kann daraus nur schließen, dass unsere physische Existenz so in Raum und Zeit verfangen ist, dass wir uns nicht einmal vernünftig vorstellen können, wie etwas existieren und sogar dynamisch sein soll, ohne in Raum und Zeit zu wirken. Aus unserem Blickwinkel innerhalb der Raumzeit heraus, ist ein zeitloser, unveränderlicher Gott, der Universen erschafft, so unvorstellbar wie die sprichwörtliche Quadratur des Kreises. Dennoch ist Zeitlosigkeit Bestandteil der mystischen Erfahrung – neben Selbstverlust (Verlust des Eigenwillens), der Verschmelzung mit einer größeren Einheit, verstärktem Sinnempfinden und der Wahrnehmung des Transzendenten und Heiligen.

Manchmal gehört zur mystischen Erfahrung auch die Wahrnehmung von Jahrtausenden oder sogar Jahrmillionen der Erdgeschichte in einer Echtzeit, die nur Minuten dauert.

Der Physiker Lee Smolin schrieb über die Zeit:

> Fast mein ganzes Erwachsenenleben lang beschäftige ich mich nun mit der Frage, was Zeit ist. Aber ich muss zugeben, dass ich der Antwort bis heute kein Stückchen näher gekommen bin. Nach all meiner Forschungsarbeit glaube ich, dass wir noch nicht einmal die einfache Frage beantworten können: „Was für ein Ding ist die Zeit?" (*How Things Are*, 1995)

Aus einer bedeutend älteren Epoche ruft Augustinus uns zu:

> Was also ist die Zeit? Wenn niemand mich danach fragt, weiß ich's, will ich's aber einem Fragenden erklären, weiß ich's nicht.

Die traditionelle Sicht Gottes besagt, dass er außerhalb der Zeit steht und alles in einer ewigen Gegenwart sieht. So schreibt Thomas von Aquin:

Denn seine Kenntnis hat ihr Maß in der Ewigkeit, wie ja auch gleichmäßig sein Sein; die Ewigkeit aber, die da ganz und zugleich besteht, umfasst alle Zeitdifferenzen. Daher sind alle Dinge, welche in der Zeit existieren, von Ewigkeit her Gott gegenwärtig; nicht nur aus dem Grunde, weil Er deren inneren Seinsgrund in seinen Ideen Sich gegenwärtig hat, wie sich manche ausdrücken; sondern vielmehr weil sein Schauen von Ewigkeit sich auf alles erstreckt, soweit es in seiner Gegenwärtigkeit steht. … Jene Dinge, welche gemäß der Zeitfolge ins tatsächliche Dasein treten, werden wohl von uns eines nach dem anderen verstanden; von Gott aber in der Ewigkeit, welche über aller Zeit steht, zugleich. (Summa Theologiae 14, 13

Die Erfahrung der Zeitlosigkeit

Das Erlebnis der Zeitlosigkeit ist ein entscheidender Bestandteil der Erfahrung kosmischen Bewusstseins, wie sie Dr. Allan Smith widerfuhr. Zum damaligen Zeitpunkt war Dr. Smith achtunddreißig Jahre alt. Er war Facharzt für Anästhesiologie, Fakultätsmitglied der University of California in San Francisco und hatte vor Kurzem den „Wright Preis" der American Heart Association erhalten.

Seine Erfahrung setzte spontan ein, als er allein in einem Lehnsessel saß und durch eine deckenhohe Glastür einen außergewöhnlich schönen Sonnenuntergang beobachtete. Er bemerkte, dass das Licht plötzlich heller wurde, scheinbar aus allen Richtungen kam und nicht das Geringste mit der untergehenden Sonne zu tun hatte. Ihm war, als verdichte das Licht die Luft. Weiter berichtet er:

Mit dem Licht ging eine Stimmungsveränderung einher. Ich fühlte mich sehr wohl, dann noch besser und schließlich war mir erhebend zumute. Währenddessen war es, als verginge die Zeit immer langsamer. Helligkeit, Stimmungshebung und Verlangsamung des Zeitablaufs traten gleichzeitig ein. Über welche Zeitdauer sich diese Veränderungen hinzogen, lässt sich nur schwer abschätzen, weil auch das Zeitgefühl betroffen war. Das Gefühl war jedoch das einer stetigen Veränderung, nicht eines oder mehrerer sprunghafter Übergänge in einen neuen Zustand. Schließlich kam das Gefühl, es vergehe Zeit, vollkommen zum Erliegen. Dieses Gefühl lässt sich nur schwer beschreiben, aber vielleicht sollte man besser sagen, es gab keine Zeit oder kein Zeitempfinden. Es gab nur den gegenwärtigen Augenblick. Mein erhebendes Gefühl steigerte sich zu einem ekstatischen Zustand von einer Intensität, wie ich sie nie für möglich gehalten hätte. Das weiße Licht um mich herum verschmolz mit dem rötlichen Licht des Sonnenuntergangs zu einem alles umfassenden intensiven, undifferenzierten Lichtfeld. Die Wahrnehmung anderer Dinge verblasste. Auch hier wirkten die Veränderungen wieder allmählich. In diesem Moment verschmolz ich mit dem Licht, und alles, einschließlich meiner selbst, wurde ein einziges Ganzes. Es gab keine Trennung zwischen mir und dem übrigen Universum. (Smith und Tart, *Journal of Consciousness Studies* 1998)

Danach führt er aus, dass Worte diese Erfahrung nicht einmal ansatzweise zu beschreiben vermögen, weil sie nicht ausreichen beziehungsweise weil es sie gar nicht gibt. Wie erlebt man etwas, wenn die Zeit zum Stillstand kommt? Wir haben keine Worte, mit denen man dies vermitteln könnte. Ja, wir können es uns noch nicht einmal vorstellen. In unserem Alltagszustand ist ein Erleben ohne Zeit einfach nicht vorstellbar. Doch Worte hin oder her, das Erlebnis als solches ist höchst real. Smith spricht von der absoluten „Wissensgewissheit", einem „tiefen Verständnis, das sich ohne Worte einstellt". Auch andere haben geschrieben, das Wissen, das mit dieser Erfahrung einhergehe, sei realer als jedes normale Alltagswissen.

Smith stellte fest, dass er mit Gott vereint war. Nicht mit dem lohnenden und strafenden, gebietenden und zuweilen zornigen Gott vieler Religionen, sondern vielmehr mit einem Gott, der das Universum selbst ist. Er schreibt:

Das Universum könnte nicht weiter von Gott getrennt sein als mein Körper von seinen Zellen. Außerdem ist Liebe das einzige Gefühl, das ich mit Gott in Verbindung bringen würde, aber es wäre treffender zu sagen, dass Gott Liebe ist, als dass er liebevoll ist.

Mystische und psychedelische Erfahrungen im Vergleich

So interessant und signifikant diese Erfahrung auch war, im Anschluss daran wurde eine einzigartige Experimentreihe durchgeführt. Etwa einen Monat nach der Erfahrung kosmischen Bewusstseins unterzog sich Smith seinem ersten LSD-Trip, auf den weitere folgen sollten. Er tat dies teils um herauszufinden, ob er die Erfahrung würde wiederholen können, teils weil er als Forscher die beiden Zustände unmittelbar miteinander vergleichen wollte. Dies führte schließlich zur Zusammenarbeit mit Charles Tart, einem international tätigen Bewusstseinsforscher, der sich insbesondere mit veränderten Bewusstseinszuständen beschäftigt.

Von mystischen Erfahrungen wie Smith sie hatte, haben viele berichtet. Andere haben über die zuweilen tiefgründigen, annähernd mystischen Aspekte von Psychedelika geschrieben. Es war zwar bereits zuvor versucht worden, beide Erfahrungen miteinander zu vergleichen, doch noch nie hatte jemand einen Vergleich unternommen und veröffentlicht, der selbst beide Erfahrungen gemacht hatte. Ein Vergleich zwischen verbalen Beschreibungen oder zwischen der verbalen Beschreibung eines Zustandes und der Erfahrung eines anderen, ist das Eine. Ein Vergleich zwischen zwei echten inneren Erfahrungen hingegen ist einzigartig. 1998 veröffentlichten Smith und Tart ihren Aufsatz „Cosmic Consciousness Experiene and Psychedelic Experiences: A First Person Comparison" im *Journal of Consciousness Studies.*

Im direkten Vergleich erwiesen sich die beiden Bewusstseinszustände als deutlich unterschiedlich.

Während des LSD-Trips verging die Zeit langsamer, aber sie kam nicht vollständig zum Stillstand wie bei der Erfahrung kosmischen Bewusstseins. Die psychedelische Stimmung war „brüchig"; sie konnte schwanken. Sie konnte steigen oder sinken und von angenehm zu unangenehm sowie von ekstatisch zu furchterregend umschlagen. Die Erfahrung kosmischen Bewusstseins entwickelte sich zusammenhängend und war einheitlich angenehm und allumfassend. Sie war sogar mehr als angenehm. Auf einer zugegebenermaßen ungenauen Skala war die Stimmung bei kosmischem Bewusstsein zehn Mal besser als „der beste Orgasmus".

Die beiden größten Unterschiede waren jedoch, dass das Ego, das Ich, bei der Erfahrung mit LSD zwar zurückging, jedoch nie ganz verschwand, wie in dem Moment, in dem Smith eins wurde mit Gott. Zweitens verblasste nach dem Drogentrip die wissende Erkenntnis über Sinn und Signifikanz der anderen Realität. Sie war eine Illusion gewesen. Während der Erfahrung kosmischen Bewusstseins hingegen war die Erkenntnis über die Natur einer größeren Realität so sicher gewesen, dass Smith schreibt:

> Ich wäre leichter davon zu überzeugen, dass der Computer,
> an dem ich jetzt sitze, eine Illusion ist, als dass kB (kosmi-
> sches Bewusstsein) eine Illusion ist.

Dies schrieb er mehr als zwanzig Jahre nach der Erfahrung.

Kann man tatsächlich für die Erleuchtung trainieren?

Das Erlebnis des mathematischen Physikers John Wren-Lewis hatte eine andere Ursache. Er hatte eine Nahtod-Erfahrung, als er im
Bus bei einem Diebstahlsversuch vom Täter vergiftet wurde. Davor
betrachtete er sich als „freudianischen Skeptiker gegenüber allem
Mystischen", als jemand, der „Mystik als eine neurotische Flucht
in Fantasiewelten betrachtete und spirituell Suchende verachtete".
Doch 1983 kam in einem Krankenhausbett in Thailand „das Gottesbewusstsein" über ihn, wie er sagt.

Als er erwachte, fühlte er sich aus einer „umfassenden Schwärze"
heraus wie neugeboren, wie neu erschaffen. Diese Schwärze „leuch-
tete in gewisser Weise; sie war eine Art unendliche, aber konzentrier-
te Lebendigkeit 'reinen Bewusstseins', in der es keine Trennung und
mithin auch weder Raum noch Zeit gibt".

Ihm war, als komme er aus einem Ewigkeitszustand hervor, wobei das reine Bewusstsein dieses Zustandes „alle Produkte der Zeit
liebt". Dieses „Ewigkeitsbewusstsein" hielt auch Jahre danach noch
an. Weiter sagt er:

> Vor allem aber will ich hier betonen, dass die vielleicht au-
> ßergewöhnlichste Eigenschaft des Ewigkeitsbewusstseins da-
> rin besteht, dass es sich überhaupt nicht außergewöhnlich

anfühlt. Es kommt einem durch und durch selbstverständlich vor, dass das persönliche Bewusstsein sich seines Urgrundes bewusst sein sollte, wohingegen mir meine ersten neunundfünfzig Jahre im sogenannten „Normalbewusstsein" in Unkenntnis dieses Urgrundes heute wie ein Wachtraum vorkommen. Es war, als wäre ich von Geburt an in einen kollektiven Albtraum verfallen, in dem separate Individuen in einem fremden Universum ums Überleben, um Befriedigung und Bedeutung ringen.

Die intensiven Forschungen, die ich auf diesem Gebiet im Laufe der letzten zehn Jahre betrieben habe, haben bei mir keinerlei Zweifel daran aufkommen lassen, dass die Vertreter der sogenannten ewigen Philosophie recht haben, wenn sie in den Erfahrungen der Mystiker aller Zeiten eine gemeinsame „Tiefenstruktur" erkennen, die ihren sehr unterschiedlichen, kulturell geprägten Formulierungen zugrunde liegt. Dennoch konnte ich keinerlei Belege für die häufig geäußerte Behauptung finden, dass diese Überlieferungen Methoden zur Erlangung von Gottesbewusstsein enthalten, die empirisch überprüft und bestätigt worden wären. (*What Is Enlightenment?* Vol. 4, 1995)

Er kommt zu einem Schluss, der im Widerspruch zur konventionellen Weisheit spirituell Suchender steht, wonach die Vervollkommnung von Charakter und Einstellung über viele Jahre hinweg zum Erleuchtungszustand führen kann. Er behauptet sogar, dass „allein die Vorstellung von einem spirituellen Weg eine Selbsttäuschung ist, denn sie bewirkt genau das, was abgestellt werden muss, wenn ein Erwachen für die Ewigkeit eintreten soll: Sie richtet die Aufmerksamkeit fest auf *Zukünftigkeit*."Für Wren-Lewis ist der Zustand der Erleuchtung immer jetzt und hier erreichbar, wenn wir nur aufwachen würden. Es ist die zwanghafte Beschäftigung mit der Zeit –

sogar mit der Zeit, die auf die Suche nach Erleuchtung verwendet wird – die „die Ewigkeit aus dem Bewusstsein vertreibt". In diesem Zusammenhang könnte das – unter Suchenden verabscheute – Motto „Ich will es sofort" tatsächlich sogar genau die richtige Einstellung sein. Der schwierige Teil ist allerdings das Aufwachen.

Eine Welt der Polarität

Es ist ein großes Geheimnis des Absoluten Gottes, warum er überhaupt etwas erschaffen sollte, wo er doch bereits vollkommen ist. In *Warum Gott nicht würfelt* entwickle ich im Rahmen meiner Gottes-Theorie den Gedanken, dass Gott durch das Erschaffen von Universen, in denen Lebensformen entstehen und sich weiterentwickeln können, sein Potenzial erfahren kann und diese Erfahrung sucht. Aber warum sollte ein bereits vollkommenes Wesen dies tun?

Wenn Gott vollkommen ist, wie die mystischen Erfahrungen andeuten, warum leben wir dann in einer scheinbar so unvollkommenen Welt?

Erstens wird in den mystischen Erfahrungen behauptet, wenn sich das Bewusstsein erweitere und das gesamte Universum einschließe, sei alles Vollkommenheit. Für uns, die wir in der mangelhaften und gewalttätigen Welt der Erde des 21. Jahrhunderts leben, ist dies fast eine Beleidigung. Was für ein pollyannaisches, unverbesserlich optimistisches Wunschdenken ist das denn? Wer könnte leugnen, dass hier Tag für Tag schreckliche Dinge geschehen?

Intuitiv meine ich, dass das mystische Vollkommenheitsempfinden von einem Groken des Universums in der Gesamtheit seines Raumes und der Vollendung seiner Zeit herrührt. Wie bei einem im Bau befindlichen Haus kann das, was heute wie ein heilloses Durcheinander aussieht, nach seiner Vollendung ein Werk von höchster Schönheit sein.

Aber warum gibt es überhaupt Unvollkommenheit? Für ein physisches Universum als einen Ort, an dem Erfahrungen gemacht werden können, und auch für diese Erfahrungen selbst ist ein Wechselspiel der Gegensätze, der Polaritäten, unbedingt erforderlich. Licht kann man nicht ohne Dunkelheit erleben. Hitze ist erst im Vergleich zu Kälte heiß. Die Welt der Erfahrungen braucht Gegensätze, sonst könnte sie nicht existieren. Ohne den Kontrast eines Gegenteils könnten wir nicht fühlen, sehen oder wahrnehmen. In einer Welt reinen weißen Lichtes sieht man genauso wenig wie in einer Welt völliger Dunkelheit.

Die Welt des Absoluten kann keine Erfahrungen ermöglichen. Dazu ist ein Universum der Kontraste und Polaritäten nötig. Um Erfahrungen zu machen, muss der Absolute Gott eine Welt erschaffen, in der Unvollkommenheit eine Rolle spielt. Mit dem Auslösen des Urknalls hat er dies ganz offensichtlich getan.

8
BEWUSSTSEIN UND WIRKLICHKEIT

Die Behauptung, Bewusstsein erschaffe die Welt der Materie, ist eine hübsche, blumige philosophische Aussage. Aber gibt es belastbare Beweise, dass dies tatsächlich der Fall sein könnte? Experimente, die 2007 von einer Gruppe weltweit führender Quantenoptiker an der Universität Wien durchgeführt und in der Zeitschrift *Nature* veröffentlicht wurden, untermauern diese Idee. So schreibt das britische Wissenschaftsmagazin *The New Scientist*:

Neuere, von einer Forschergruppe an der Universität Wien in Österreich durchgeführte Experimente liefern die bisher zwingendsten Beweise dafür, dass es jenseits des Beobachteten keine objektive Realität gibt. … Für die Forscher bedeutet dies, dass wir die Vorstellung von einer objektiven Realität aufgeben müssen.

Dahinter steht eine Geschichte, die mit der *Heisenbergschen Unschärferelation* beginnt. Diese wurde 1927 formuliert und ist eines der zentralen Elemente der Quantenphysik sowie die wichtigste Zutat des Experiments. Sie beleuchtet einen der wichtigsten Unterschiede zwischen klassischer (Newtonscher) Physik und Quantenphysik. In der klassischen Physik können Ort und Geschwindigkeit eines Gegenstands im Prinzip mit unendlich genauer Präzision bestimmt werden. (Dies war der Ausgangspunkt des deterministischen Albtraums, der angeblich den freien Willen des Menschen ausschließt, worüber in Kapitel Vier gesprochen wird.) Die Heisenbergsche Unschärferelation schließt unendliche Genauigkeit sowohl beim Ort als auch bei der Geschwindigkeit aus, und zwar nicht wegen schlampiger Messung, sondern aufgrund einer der Natur als solcher innewohnenden Unschärfe (siehe die Besprechung der Wellenfunktion in Kapitel Zwei).

Die Heisenbergsche Unschärferelation ist in Abbildung 6 veranschaulicht. Die hohe Kurve links in der ersten Reihe stellt eine Messung der Geschwindigkeit von etwas dar. Die Spanne zeigt, dass die Geschwindigkeit nicht exakt bekannt ist. Andererseits ist die Geschwindigkeit aber genauer bekannt als die momentane Position des Objekts, die rechts dargestellt und noch breiter gestreut ist. Daraufhin kann man sich entscheiden, die momentane Position genauer zu messen (Reihe 2 und 3), allerdings um den Preis, dass die Geschwindigkeitsmessung entsprechend breiter streut. Auf der Quantenebene ist dies ein fundamentales Naturgesetz.

Die nächste Entwicklung ist Einsteins Versuch von 1935, die Heisenbergsche Unschärferelation zu widerlegen, und zwar durch das sogenannte Einstein-Podolsky-Rosen-Gedankenexperiment.

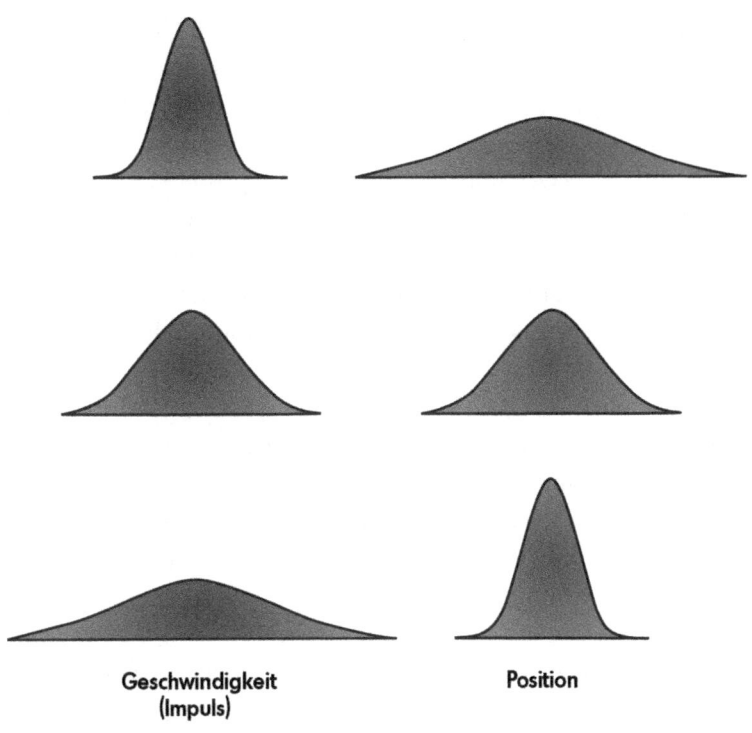

Geschwindigkeit   Position
(Impuls)

Abbildung 6

Ein Gedankenexperiment ist eine rein geistige Übung, deren Konsequenzen durchdacht werden können, um Erkenntnisse zu gewinnen
oder einen Praxistest vorzuschlagen. Man stellt eine These auf, die
man überprüfen möchte, und malt sich dann eine Situation aus, in
der diese These einen bestimmten Ausgang prognostizieren würde.
Wenn die Erfahrung lehrt, dass dieser prognostizierte Ausgang unter
den gegebenen Umständen eintritt oder nicht, wird die These dadurch bestätigt oder widerlegt. Da es sich aber um ein Gedankenexperiment und nicht um einen wirklichen Versuch handelt, kann der
erfahrungsgemäße Ausgang, der der Überprüfung dient, missver-
standen werden. Gedankenexperimente eines Prä-Quantenphysikers

aus dem 19. Jahrhundert zur Messung von Ort und Geschwindigkeit würden zum Beispiel zu falschen Schlüssen führen, wie spätere echte Quantenexperimente zeigen. Die Welt ist manchmal anders, als man denkt.

Einsteins EPR-Gedankenexperiment schlug eine Möglichkeit zur Umgehung der Heisenbergschen Unschärferelation vor, doch in diesem Fall war sie unmöglich durch eine Messung zu bestätigen oder zu widerlegen. Eine eher durchführbare Variante des EPR-Experiments wurde 1951 von David Bohm formuliert. John Bell entwickelte die Bohmsche Version des EPR-Experiments 1964 zu einem tatsächlich überprüfbaren Versuch weiter. Doch erst 1982 sollte Bells Experiment tatsächlich durchgeführt werden – und dabei erwies sich, dass Einstein falsch lag und Heisenberg recht hatte.

Einstein hat unrecht! Das ist schon für sich genommen von beträchtlichem Interesse. Doch die schwerwiegendsten Auswirkungen sollten erst noch kommen.

2003 veröffentlichte der Nobelpreisträger Anthony Leggett eine stringentere Version des Bell-Experiments. Es dauerte seine Zeit, bis eine Methode zur Überprüfung der Version von Leggett entwickelt war, doch Markus Aspelmeyer von der Österreichischen Akademie der Wissenschaften und Anton Zeilinger von der Universität Wien gelang es. Gerade diese experimentelle Bestätigung der Quantengesetze, einschließlich der Heisenbergschen Unschärferelation, hat tiefgreifendste Konsequenzen.

Ihre 2007 veröffentlichten Ergebnisse deuten darauf hin, dass

---

an den Eigenschaften eines Objekts, die wir messen, nichts inhärent Reales ist. Mit anderen Worten, diese Eigenschaften entstehen überhaupt erst durch die Messung.

Oder wie der Quantenforscher Vlatko Vedral von der Universität
Leeds es formuliert:

Statt sie passiv zu beobachten, erschaffen wir die Realität vielmehr. (*New Scientist*, 23. Juni 2007)

Die Geschichte dieser erstaunlichen Schlussfolgerung wollen wir
untersuchen.

Die Heisenbergsche Unschärferelation

Vor hundert Jahren war die Welt noch sehr viel einfacher, sowohl
technisch wie konzeptionell. Aus den Laboren jener Zeit kamen
allmählich Belege für die Existenz von Atomen als den Bausteinen
der Materie, aber man nahm selbstverständlich an, dass diese neuen
Teilchen denselben physikalischen Gesetzen unterlägen wie sie auch
für jüngste Erfindungen wie etwa Dampfmaschinen, Glühlampen
und Telefone galten. Zunächst hatte es den Anschein, als seien Atome wie kleine Sonnensysteme, in denen leichtgewichtige Elektronen
um einen schweren Kern kreisen wie Planeten um die Sonne.

Leider sollte diese Idee nicht funktionieren, weil nämlich Elektronen eine elektrische Ladung tragen. Man wusste bereits, dass eine
elektrische Ladung, die um einen Kern kreist, Strahlung abgibt. Das
Elektron müsste dabei Energie verlieren und rasch in den Kern tru-
deln, nämlich in weniger als einer Milliardstelsekunde. Auf der Ebene des Atoms war eine radikal neue Sicht der Natur gefordert. Die
Lösung des Problems des stabilen Atoms führte zu einer Revolution
in der Physik – zur Quantenmechanik.

Mit dem Aufkommen der Quantenmechanik wurde festgestellt,
dass Atome und viele weitere seither entdeckte Teilchen völlig neuen

und anderen Gesetzen gehorchen, als sie für die großmaßstäbliche Welt menschlicher Alltagserfahrung gelten. In der normalen Welt gehen wir davon aus, dass wir mit dem richtigen Instrumentarium recht präzise die momentane Position und Geschwindigkeit zum Beispiel eines Autos, eines Zuges oder einer Läuferin bestimmen können. Aus quantenmechanischer Sicht ist diese Fähigkeit zur präzisen Messung eine Illusion, wenngleich eine in der normalen Welt nahezu korrekte. Tatsache ist aber dennoch, dass die im Moment des Überfahrens der Ziellinie gemessene Geschwindigkeit eines Rennwagens – wenn wir die Position der Ziellinie bis auf die Breite eines menschlichen Haares genau kennen – um einen Milliardstelmilliardstelmilliardstelmillionstel Stundenkilometer ungenau ist.

Inwiefern könnte das irgendwie von Bedeutung sein? Für die Position des Wagens hat das tatsächlich nicht die geringste Bedeutung. Es gibt allerdings Experimente mit wichtigen philosophischen Folgen, für die solche winzigen Unschärfen große Bedeutung haben.

Ort und Geschwindigkeit (genauer: Impuls, was Masse mal Geschwindigkeit bedeutet) desselben Objektes sind auf der Quantenebene „inkommensurable Größen", das heißt, man kann nicht beide gleichzeitig exakt messen.

Dies ist eine Betrachtung zur Heisenbergschen Unschärferelation, die der deutsche Physiker Werner Heisenberg 1927 formuliert hat, als er an Niels Bohrs Forschungsinstitut in Kopenhagen arbeitete (und etwas Zeit zur Verfügung hatte, weil Bohr sich im Skiurlaub befand). Im richtigen Leben bewirkt natürlich die jedem Messinstrument eigene Ungenauigkeit eine wesentlich geringere Exaktheit als dieser Quanteneffekt. In der Alltagswelt würde man einen so kleinen Quanteneffekt, wie etwa bei dem Rennwagen, niemals bemerken.

Doch nehmen wir einmal an, wir würden die Position des Rennwagens in einem gegebenen Moment nicht nur auf die Breite eines menschlichen Haares, sondern *absolut* genau kennen. Wie würde sich dies auf die entsprechende Unschärfe in der messbaren Geschwindigkeit auswirken? Hier wird ein solcher Quanteneffekt tatsächlich interessant, denn die Antwort lautet: Wäre die Position vollkommen exakt bekannt, so könnte die gemessene Geschwindigkeit irgendwo zwischen Null und Lichtgeschwindigkeit liegen. Natürlich ist es vollkommen unmöglich, die Position mit vollkommener Exaktheit zu kennen. Doch im kleinen Maßstab der Teilchen kann man sich vorstellen, dass die Heisenbergsche Unschärferelation einige interessante Effekte erzielen könnte – und das tut sie tatsächlich.

Die Verdrängung des Uhrwerk-Universums

Die Heisenbergsche Unschärferelation hat zwei weitreichende Konsequenzen. Erstens: Der Akt des Messens führt eine unvermeidliche Unschärfe ein. Ganz egal, wie klein dieser Effekt auch ist, er vernichtet das „Uhrwerk-Universum" als Bild der Realität. Für die Rolle des Bewusstseins im Universum ist dies eine wunderbare Sache. Der Begriff „Uhrwerk-Universum" bezieht sich auf Newtons klassische Physik. Sie ging mit einer beunruhigenden metaphysischen Konsequenz einher: Determinismus, äußerstem und komplettem Determinismus, was im Endeffekt zu einer vollständig vorherbestimmten Wirklichkeit führte. Damit ist Folgendes gemeint: Wenn Ort und Geschwindigkeit jedes Teilchens im Universum jederzeit exakt bekannt wären, könnte die übrige Zukunft mit unausweichlicher Gewissheit vorhergesagt werden. Das Universum würde verstreichen wie der stete, verlässliche Lauf einer Uhr.

Leider gehören auch wir zu diesem Universum. Und wenn wir uns lediglich für komplexe organische Maschinen halten, dann ist jeder Gedanke und jede Handlung, zu der wir uns vermeintlich bewusst und frei entschließen, in Wirklichkeit nur die Konsequenz des vorangegangenen Zustandes des Universums. Es gibt keine Freiheit, es gibt keine freie Entscheidung, nicht im Geringsten. So gesehen, sind wir nicht mehr als Aufziehpuppen, Automaten, die die Gedanken und Handlungen ausführen, die wir von dem, was vor uns kam, geerbt haben. Aus dieser Sicht ist jede Wahl, die wir treffen, eine Illusion, weil die Atome und Moleküle in unserem Gehirn nur ihren ererbten Positionen und Bewegungen folgen. Das Universum wird zu einem riesigen Billardtisch, dessen unzählige Billardkugeln (die Teilchen, aus denen die Materie besteht), lediglich den Gesetzen der Mechanik folgen: Kugel Fünf trifft Kugel Neun, die versenkt Kugel Acht in die Tasche, und das ist der Grund, warum ich mich eben am Kopf gekratzt und geglaubt habe, ich täte es aus freien Stücken.

Aus dieser Sicht werden wir so geboren, dass alle Gedanken, die wir je in unserem Leben haben werden, bereits vorprogrammiert sind, womit unser Denken nicht freier und spontaner ist als bei einer CD, die von Anfang bis Ende durchläuft. Im Prinzip hätte man dann jede Note von Mozarts „Hochzeit des Figaro" oder Beethovens Neunter Symphonie bereits vorhersagen können, wenn man an einem x-beliebigen Tag, als die Dinosaurier noch auf der Erde umherstreiften, deren Aufbau Atom für Atom bis ins kleinste Detail untersucht hätte.

Dies ist eine sehr niederschmetternde Sicht der Natur des Menschen. Zum Glück macht die Heisenbergsche Unschärferelation diese trostlose Betrachtungsweise unmöglich. Aufgrund der intrinsischen Unschärfe kann man die Zukunft nie aus der Vergangenheit vorhersagen. Dank der Quantenphysik sind Wahlfreiheit und freier Wille möglich.

Gott sei Dank!

Die zweite Konsequenz betrifft das, was real ist. Je exakter wir x messen, desto weniger wissen wir über y. Die Frage lautet nun: Bedeutet dies, dass y einen exakten Wert hat, den die Heisenbergsche Unschärferelation vor unserem Blick verbirgt? Mit anderen Worten, ist y exakt und real, jedoch durch die Schrulligkeit der Quantengesetze teilweise versteckt? Oder ist es im Gegenteil möglich, dass y solange gar nicht existiert, bis es durch den Akt seiner Messung entsteht und dadurch nur insoweit real wird, wie es eine wie auch immer geartete verschwommene Realität der Heisenbergschen Unschärferelation zulässt?

Die Heisenbergsche Unschärferelation hat erkennbar weitreichende Folgen. Sie bietet dem Bewusstsein den Spielraum, den es benötigt, um sich zu betätigen, und führt, wie sich augenblicklich zeigen wird, aufgrund neuester Experimente sogar zu dem Schluss, dass „es über das Beobachtete hinaus keine objektive Realität gibt", was wiederum darauf schließen lässt, dass Bewusstsein Realität erschafft.

Das Einstein-Podolsky-Rosen-Gedankenexperiment

1999 wählte die Zeitschrift *Time* Albert Einstein zum Mann des Jahrhunderts. Er war auch ein spiritueller Denker, dem der berühmte Satz zugeschrieben wird: „Gott würfelt nicht." Das war eine Stichelei gegen die Quantengesetze und insbesondere gegen die Heisenbergsche Unschärferelation. Doch hierin liegt ein riesiges Paradoxon. Einstein glaubte an die klassische deterministische Realität, wie sie die Newtonsche Physik verkörpert. Seine Spezielle und Allgemeine Relativitätstheorie veränderten die Newtonsche Physik erheblich, rüttelten aber nicht an dem angenommenen zugrunde liegenden Determinismus. Er war überzeugt, dass es auch in der Quantentheorie Determinismus geben muss.

Weil er aber (gewissermaßen) an einen Gott glaubte, kann man sich kaum vorstellen, dass er die Menschen für maschinenähnliche Automaten gehalten haben könnte, die in geistloser Reaktion auf das Uhrwerk-Universum mit der billardkugelähnlichen Bewegung seiner Teilchen agieren, die über die gesamte Realität, einschließlich unseres Verhaltens, bestimmt. Ohne freien Willen wären Menschen und andere Lebewesen praktisch vorprogrammierte Roboter, und ihr Schicksal – unser Schicksal – wäre durch die exakte Konfiguration jedes Atoms und Moleküls in unserem Körper unverrückbar festgelegt. Diese Konfiguration wiederum wäre auf die Vorgeschichte jedes

Teilchens zurückzuführen und immer so weiter, im Prinzip bis zum Anfang des Universums. Die Heisenbergsche Unschärferelation ist notwendig, um dem freien Willen eine Nische zu verschaffen. Daher ist es eine ziemliche Ironie des Schicksals, dass Einsteins Versuche, die Quantentheorie zu widerlegen, im Laufe der darauffolgenden siebzig Jahre ausgerechnet zu den Experimenten führen sollten, die die Heisenbergsche Unschärferelation *bestätigten* und den Beweis dafür erbrachten, dass Bewusstsein Realität erschafft.

In diesem Zusammenhang dürfen wir vermuten, dass Einstein glücklich darüber gewesen wäre, dass er unrecht hatte.

Doch gehen wir noch einmal in der Zeit zurück: Zunächst war Einstein von der Quantentheorie begeistert. Doch schon bald wurde er zum Skeptiker. 1930, nur drei Jahre nach der Formulierung der Heisenbergschen Unschärferelation, schlug Einstein bei einer Solvay-Konferenz über Physik in Brüssel ein Gedankenexperiment vor. Inzwischen war er überzeugt, dass die Heisenbergsche Unschärferelation zu umgehen und damit nachweisbar war, dass es eine exakte Realität gibt, in der zum Beispiel Positionen und Geschwindigkeiten eines gegebenen Teilchens eindeutige Werte haben und diese eindeutigen Werte unter den geeigneten schlauen Umständen mit absoluter Präzision bestimmt werden können.

Beachten Sie das Wort „bestimmt". Es ist der Schlüssel zum Ganzen. Einstein entwickelte eine schlaue Methode, um Größen wie Position und Geschwindigkeit von Teilchen präzise bestimmen zu können, ohne sie direkt messen zu müssen und dadurch die mit einer Messung einhergehende Quantenstörung zu erzeugen. Wenn er zeigen könnte, dass dies möglich ist, dann wäre damit demonstriert, dass die Quantentheorie unvollständig ist. Wenn Einstein Eigenschaften von Quantenobjekten exakt bestimmen könnte, die Quantenmessungen – aufgrund der Heisenbergschen Unschärferelation – nicht exakt messen können, dann würde der Quantenphysik eindeutig etwas fehlen.

1935 veröffentlichten Einstein und zwei seiner Postdoktoranden,

Boris Podolsky und Nathan Rosen, einen heute berühmten Aufsatz, der die Heisenbergsche Unschärferelation in Zweifel zog: „Can Quantum-Mechanical Description of Physical Reality Be Considered Complete?" (Kann die quantenmechanische Beschreibung der Wirklichkeit als vollständig betrachtet werden?)

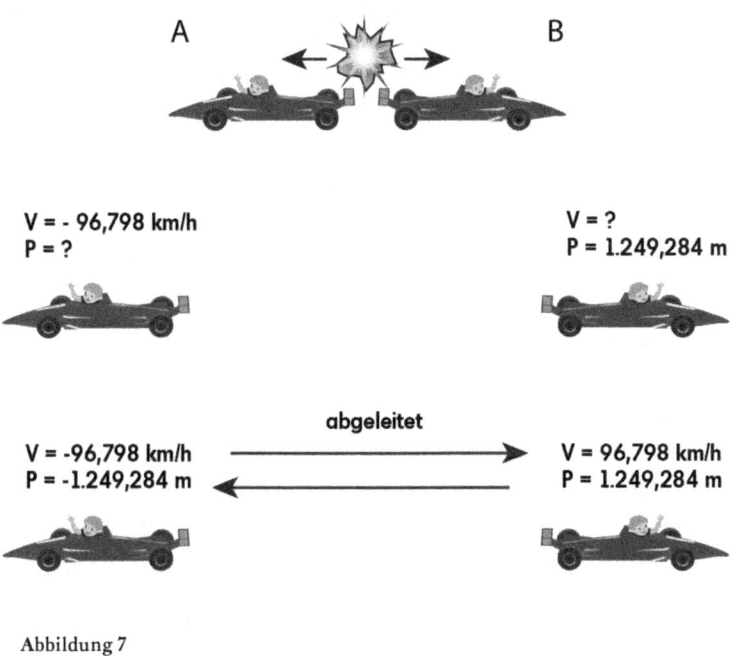

A   B

V = - 96,798 km/h   V = ?
P = ?   P = 1.249,284 m

abgeleitet

V = -96,798 km/h   ⟶   V = 96,798 km/h
P = -1.249,284 m   ⟵   P = 1.249,284 m

Abbildung 7

Kurz zusammengefasst lautete ihre Argumentation folgendermaßen (wie in Abbildung 7 illustriert): Nehmen wir an, zwei identische Rennwagen, nennen wir sie A und B, stehen zunächst still und werden dann irgendwie – sagen wir durch eine Mini-Explosion – mit exakt gleicher und entgegengesetzter Kraft in entgegengesetzte Richtungen getrieben. In einem gegebenen Moment können wir die Geschwindigkeit (angegeben mit dem Formelzeichen V vom Lateinischen *velocitas*) von Wagen A sogar nach der Heisenbergschen

Unschärferelation mit vollkommener Genauigkeit messen, wohl wissend, dass wir dadurch alle Möglichkeiten opfern, zugleich seine Position zu messen, da diese beiden auf der Quantenebene inkommensurable Größen sind. Sagen wir, wir messen diese Geschwindigkeit mit minus 96,798 km/h, wobei das Minus lediglich angibt, dass der Wagen nach links fährt. In ähnlicher Weise können wir im selben Augenblick die Position (P) von Wagen B sogar nach der Heisenbergschen Unschärferelation mit vollkommener Präzision messen, wohl wissend, dass wir dadurch alle Möglichkeiten opfern, zugleich seine Geschwindigkeit zu messen. Bezeichnen wir diese Position mit 1.249,284 m.

Doch halt: Wegen der Impulserhaltung muss bei einer in einem bestimmten Augenblick exakt gemessenen Geschwindigkeit von Wagen A in Höhe von minus 96,798 km/h die Geschwindigkeit von Wagen B im selben Moment bei plus 96,798 km/h liegen. Ähnlich gilt: Wenn die exakt gemessene Position von Wagen B bei 1.249,284 m liegt, muss die Position von Wagen A bei minus 1.249,284 m liegen. Somit ist es uns offensichtlich gelungen, die exakte Position von A und die exakte Geschwindigkeit von B zu bestimmen, ohne die Größen direkt messen zu müssen und damit Heisenberg zu widersprechen. Dank des Impulserhaltungssatzes können die Werte vollkommen exakt aus den Werten des jeweils anderen Wagens abgeleitet werden.

Einstein glaubte, dieses Gedankenexperiment zeige, dass es eben doch exakte Werte für Position und Geschwindigkeit jedes Teilchens gebe, die auf diese indirekte Weise bestimmbar seien. Er war sich sicher, dass mit diesem schlauen Trick sogar der Quantentheorie sowohl Determinismus als auch eine objektive Realität abzuschwatzen wären.

Einstein irrte – aber es sollte Jahre dauern, bis dies bewiesen werden konnte.

Bohm

David Bohm war ein brillanter Physiker. Während des Zweiten Weltkriegs wurde er von Robert Oppenheimer sogar noch vor Abschluss seiner Doktorarbeit zur Mitarbeit an dem streng geheimen „Manhattan Project" zur Entwicklung der Atombombe nach Los Alamos berufen. Leider verhinderte seine jugendliche Verstrickung in „radikale Politik", dass er eine Sicherheitsfreigabe bekam. Damit saßen alle in einer Zwickmühle: Bohm blieb an der University of California in Berkeley und arbeitete von dort aus dem Manhattan Project zu, doch als die Inhalte seiner Doktorarbeit noch vor deren Fertigstellung als geheim eingestuft wurden, erteilte man ihm ein Verbot zur Niederschrift seiner Arbeit. Er hatte keinen Zugang mehr zu seinem eigenen Werk. Zwar konnte nicht einmal der Staat ihn daran hindern, über seine Arbeit nachzudenken, aber er durfte diese Gedanken nicht mehr aufschreiben!

Kurz nach dem Krieg, im Jahr 1951, schrieb Bohm, damals außerplanmäßiger Professor an der Princeton University – und kurz davor, aus dem Land gejagt zu werden, weil er sich weigerte, vor dem Komitee für unamerikanische Umtriebe auszusagen – ein Lehrbuch, in dem er das EPR-Experiment unter die Lupe nahm. Seit sechzehn Jahren war das EPR-Paradoxon ein Stachel im Fleisch der Quantentheorie. Bohm stieß auf eine Variante des Experiments, die es durchführbarer machen könnte. Er erkannte, dass der Spin eine bessere Version des EPR-Tests erforderte.

Zu den ureigensten Eigenschaften fundamentaler Teilchen wie Elektronen oder sogar der als Photonen bezeichneten Lichtteilchen gehört es, dass sie sich drehen wie ein Kreisel. Für diesen Eigendrehimpuls verwendet man den englischen Begriff *Spin*. Genauer müsste man eigentlich sagen, dass sie über die Eigenschaft des Spin verfügen, denn aus Gründen, die bald deutlich werden, können sie sich nicht im Wortsinne drehen. Die meisten Physiker würden behaupten, der Spin sei eher ein „Als-Ob-Charakteristikum". Für unsere

Zwecke tut es der Sache aber keinen Abbruch, wenn wir uns eine echte Drehbewegung vorstellen.

Die Konvention zur Messung des Spin liegt buchstäblich in Ihren Händen: Drehen Sie die Finger Ihrer rechten Hand locker wie zu einer Faust ein und strecken Sie den Daumen nach oben. Jetzt geben Ihre Finger die Richtung der Drehbewegung an, und der Daumen, der senkrecht zu Ihren Fingern steht, zeigt die Achse des Spins.

Definieren Sie drei Richtungen im rechten Winkel zueinander: Nach oben, nach Norden und nach Osten. Die Achse eines Gyroskops, also eines Kreiselgeräts, kann in jede dieser Richtungen zeigen, und es ist einfach, in jeder Richtung die Komponente zu messen. Nehmen wir zum Beispiel einmal an, der Spin liege hauptsächlich in Aufwärtsrichtung und sei leicht nach Norden und Osten geneigt. Er könnte aber auch so geneigt sein, dass er in allen drei Richtungen – aufwärts, Norden und Osten – dieselbe Komponente hat. Bei den Winkeln ist alles und jedes möglich.

Quantenspin

Der erste seltsame Unterschied zwischen dem Quantenspin eines Elektrons und zum Beispiel einem Gyroskop in der realen Welt ist folgender: Egal, aus welchem Winkel wir das Elektron messen, wir werden stets feststellen, dass es unserer gewählten Richtung entweder gleich- oder entgegengerichtet ist. Nehmen wir einmal an, wir messen in Aufwärtsrichtung. Dann ist der Spin jedes Elektrons, das wir messen, entweder auf die Aufwärts- oder auf die Abwärtsrichtung ausgerichtet. Wir werden nie feststellen, dass ein Elektron nur teilweise auf unsere gewählte Messrichtung ausgerichtet ist. Messen wir Osten, ist das Elektron entweder nach Osten oder nach Westen ausgerichtet, ohne Neigung nach oben oder nach Norden.

Das ist sehr seltsam; seltsamer noch ist allerdings Folgendes: Wenn wir bei einem Elektronenpaar – nennen wir es A und B –

das so emittiert wird, dass die Elektronen mit entgegengesetztem Spin in entgegengesetzte Richtungen davonsausen, bei Elektron A einen Spin in Aufwärtsrichtung messen, hat Elektron B unweigerlich einen Spin in Abwärtsrichtung. Was ist daran so mysteriös? Es ist mysteriös, weil wir das Experiment so einrichten können, dass die Messrichtung, für die wir uns entscheiden, erst festgelegt wird, *nachdem* das Elektronenpaar erzeugt ist und beide in jeweils entgegengesetzter Richtung davonrasen. Wir fragen also:

1. Woher konnte Elektron A wissen, dass es entweder in Aufwärts- oder in Abwärtsrichtung ausgerichtet sein sollte? Oder in Ost-West-Richtung, wenn wir uns für diese Messung entschieden haben? Es sind willkürlich gewählte Richtungen, die wir erst festlegen, *nachdem* das Elektron erzeugt ist.
2. Woher wusste daraufhin Elektron B, zu welcher Richtung A sich gezwungen sehen würde, womit B zur genau entgegengesetzten Entscheidung gezwungen wäre?

Der Gipfel der Seltsamkeit ist damit allerdings immer noch nicht erreicht. Nehmen wir einmal an, wir haben das Paar A und B erzeugt und beschlossen zu messen, ob der Spin von Elektron A in nördlicher Richtung verläuft. Wir stellen fest, dass dem so ist. Aufgrund der Tatsache, dass es sich um ein gleichwertiges und entgegengesetztes Paar handelt, wissen wir, dass der Spin von B dann in südlicher Richtung liegen muss. Im Gegensatz dazu beschließen wir jedoch, eine Messung durchzuführen und die Messrichtung, für die wir uns entscheiden, ist Osten, nicht Süden. Erstaunlicherweise besteht eine fünfzigprozentige Chance, dass B in Ostrichtung liegt, obwohl wir aus unserer vorangegangenen Überlegung abgeleitet haben, dass es aufgrund der Messung an A in Südrichtung liegen muss. Die beiden Möglichkeiten schließen sich gegenseitig aus. Hätten wir B jedoch in Südrichtung gemessen, hätten wir mit hundertprozentiger Sicherheit festgestellt, dass dies tatsächlich die Ausrichtung des Spins gewesen wäre.

Diese Seltsamkeit besagt, dass Messungen zu Ergebnissen führen können, die der Existenz feststehender, von vornherein vorhandener Eigenschaften widersprechen. Dies zeigt das vorangegangene Beispiel. Elektron A und B werden so erzeugt, dass sie einen Spin in jeweils entgegengesetzter Richtung haben müssen. Und tatsächlich: Wenn wir messen, dass der Spin von A aufwärts gerichtet ist, und dann den Spin von B in Abwärts-Richtung messen, haben wir die hundertprozentige Garantie, dass B tatsächlich einen Spin in Abwärtsrichtung aufweisen wird. Nehmen wir aber stattdessen eine andere Messung vor, messen wir zum Beispiel, ob die Spin-Richtung von B nach Osten weist, dann ist dieses Ergebnis möglich, obwohl es einer korrekt abgeleiteten Eigenschaft widerspricht.

Es besteht ein Widerspruch zwischen dem auf Logik basierenden prognostizierten Ergebnis einer Messung und der tatsächlich vorgenommenen Messung. Ist der Spin von A aufwärts gerichtet, muss der von B abwärts gerichtet sein – und wenn man B in dieser Richtung misst, dann ist dessen Spin auch genau so ausgerichtet. In diesem Fall stimmen Logik und Messung überein. Misst man aber in einer anderen Richtung, dann kann man zuweilen feststellen, dass der Spin von B tatsächlich diese Richtung hat, obwohl die Logik dies eigentlich verbietet. Wie solche realen Experimente zeigen, ist die Realität allem Anschein nach recht fluide und veränderlich.

Die Bellsche Ungleichung

Über ein Jahrzehnt blieb es bei diesem ungelösten Zustand. 1964 legte John Bell, ein irischer Physiker am CERN (Conseil Européen pour la Recherche Nucléaire; Europäische Organisation für Kernforschung) ein Sabbatjahr ein und arbeitete in dieser Zeit an den

Universitäten Stanford, Brandeis und Wisconsin in Madison. Es war ein fruchtbares Jahr: Am Ende verfasste er einen Aufsatz mit dem Titel „On the Einstein-Podolsky-Rosen Paradox" (Über das Einstein-Podolsky-Rosen-Paradoxon). Darin schlug er eine weitere Abwandlung des EPR-Experiments vor, doch dieses Mal eine, die tatsächlich überprüft werden konnte.

Dazu nutzte Bell den Unterschied zwischen dem nach der Logik vorhergesagten Ergebnis und dem Ergebnis der Quantenmessungen und formulierte eine Reihe von auf Statistik basierenden Ungleichungen. Wenn man zum Beispiel Millionen oder Milliarden Elektronenpaare erzeugt und bei einigen Paaren A in Richtung x und B in Richtung y misst, sowie bei anderen Paaren A in Richtung y und B in Richtung z, dann sollte die Gesamtsumme größer sein als A in Richtung x und B in Richtung z. Dies sollte für alle und nicht nur für rechte Winkel zwischen den Richtungen gelten. Oder um es einfacher auszudrücken, die Summe zweier beliebiger Messreihen sollte immer größer sein als die dritte Messreihe.

Wie sich herausstellt, trifft dies bei manchen Winkeln zu – bei anderen hingegen nicht.

Dies entdeckte 1982 endlich der französische Physiker Alain Aspect. Er verwendete Photonenpaare statt Teilchenpaare und maß das Äquivalent des Spins, nämlich die Polarisation. Wie sich herausstellte, wurde die Bellsche Ungleichung bei manchen Winkeln verletzt.

Lokalität, Realismus und die Leggett-Formel

Die Bellsche Ungleichung basiert auf zwei Konzepten: Lokalität und Realismus. Lokalität bedeutet, dass Teilchen nicht schneller als mit Lichtgeschwindigkeit miteinander kommunizieren können. Wenn ich also bei Teilchen A einen Spin in Aufwärts-Richtung messe, dann kann Teilchen A diese Messung unmöglich so rechtzeitig an Teilchen B übermitteln, dass dessen Messung beeinflusst wird, wenn die beiden weiter auseinander sind als das Licht für die Überwindung der Distanz benötigt. Lokalität begrenzt die Kommunikation zwischen Teilchen auf einen „lokalen Bereich", der durch die Lichtgeschwindigkeit festgelegt wird.

Die zweite Grundannahme, die zur Bellschen Ungleichung führt, ist der Realismus, das heißt, dass die Eigenschaften von Teilchen unabhängig von unserer Messung real sind. *Aspects Experiment* hat gezeigt, dass die Natur sich nicht an die Bellsche Ungleichung hält. Daher sind also entweder Lokalität oder Realismus falsch.

Wenn Teilchen einander irgendwie instantan mitteilen können, welche Messung an A vorgenommen wird, so dass B sofort den richtigen Wert annehmen kann, dann wäre das erstaunlich und würde der Speziellen Relativitätstheorie widersprechen. *Noch erstaunlicher ist allerdings die Möglichkeit, dass der Spin – und andere Quanteneigenschaften – so lange gar nicht existieren, bis eine Messung vorgenommen wird.* Ein Verstoß gegen die Bellsche Ungleichung sollte beiden vorgehalten werden.

2003 veröffentlichte der Physiker Anthony Leggett an der University of Illinois in Urbana-Champaign eine Formel, für die – wie in dem Experiment von Aspect – eine zusätzliche Messung der Polarisation von Photonen-Paaren vorgenommen wird. Die von Aspelmeyer und Zeilinger gefundenen Erkennungsraten sind nur zu erklären, wenn die Quantentheorie in dem Sinne richtig ist, dass die Messung die Realität erzeugt. Durch eine zusätzliche Messung zeigten Aspelmeyer und Zeilinger, dass „die Realität nicht existiert, wenn wir sie nicht beobachten".

„Esse est percipi" (sein heißt wahrgenommen werden) schrieb der Philosoph Bischof George Berkeley vor annähernd dreihundert Jahren: Bewusstsein erschafft Realität.

1932 behauptete der Mathematiker John von Neumann, eine von Bewusstsein erschaffene Realität sei das unvermeidliche Ergebnis der Quantentheorie. Nobelpreisträger Eugene Wigner schloss aus seiner eigenen Argumentation zur Symmetrie in der Physik, dass die Einwirkung von Materie auf den Geist zu einer, wie er sagte, „direkten Einwirkung des Geistes auf die Materie" führen muss. Werner Heisenberg schrieb:

Nach Ansicht der Gegner der Quantenphysik wäre es wünschenswert, zu der Realitätsvorstellung der klassischen Physik oder, allgemeiner gesprochen, zur Ontologie des Materialismus zurückzukehren, also zur Vorstellung einer objektiven, realen Welt, deren kleinste Teile in der gleichen Weise objektiv existieren wie Steine und Bäume, gleichgültig ob wir sie beobachten oder nicht. Dies aber ist unmöglich .... („Kritik und Gegenvorschläge zur Kopenhagener Deutung der Quantentheorie" in *Physik und Philosophie*, 1959)

1979 schrieb der Philosoph, Physiker und Quantenexperte Bernard D'Espagnat im *Scientific American*:

Die Lehre, wonach die Welt aus Objekten besteht, die unabhängig vom menschlichen Bewusstsein existieren, gerät offensichtlich in Gegensatz zur Quantenmechanik und zu experimentell belegten Fakten.

Die Experimente von Aspelmeyer und Zeilinger haben nun den bisher besten Beweis dafür geliefert, dass dem tatsächlich so ist: *Bewusstsein erschafft Realität.*

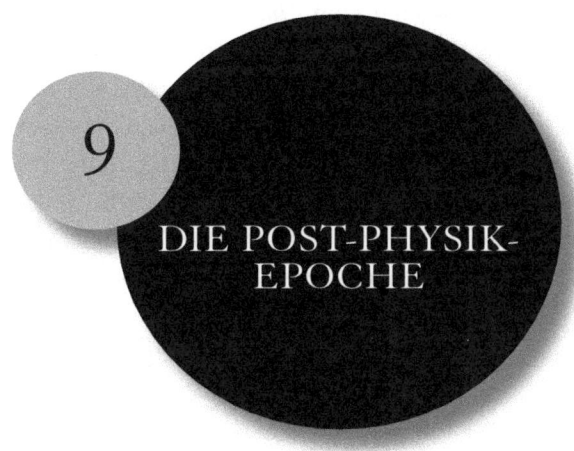

9

DIE POST-PHYSIK-EPOCHE

Noch am selben Tag, an dem Nikolaus Kopernikus starb, am 24. Mai 1543, erschien sein Buch *De Revolutionibus Orbium Coelestium* (*Über die Umschwünge der himmlischen Kreise*), das den Lauf der Geschichte verändern sollte. Seine These, dass die Sonne und nicht die Erde im Zentrum des damals bekannten Universums – mehr oder weniger das Sonnensystem nach heutigen Begriffen plus ein nicht näher definiertes Sternengewölbe – steht, wird heute als Ausgangspunkt der modernen Astronomie betrachtet. Diese heliozentrische These (wonach die Sonne im Zentrum steht) war ein Schlüsselmoment am Beginn der wissenschaftlichen Revolution, doch dies gilt nur rückblickend. Damals war dies definitiv noch nicht zu erkennen. (Und um fair zu sein, das heliozentrische Weltbild wurde bereits um 250 v. Chr. von Aristarchus vorgeschlagen.)

Das im 16. Jahrhundert vorherrschende geozentrische System – wonach Sonne, Mond, die Planeten und Sterne sich um die Erde drehen – wird als ptolemäische Astronomie bezeichnet, nach dem großen griechischen Mathematiker, Geographen, Astronomen (und Astrologen) Claudius Ptolemäus, der im 2. Jahrhundert in Alexandria lebte. Ptolemäus schrieb eine Abhandlung über Astronomie, den sogenannten *Almagest*, der unter anderem einen Sternenkatalog sowie Tabellen zur Berechnung der Positionen der fünf damals bekannten Planeten (Merkur, Venus, Mars, Jupiter und Saturn) enthielt. Diese Schrift blieb bis in die Zeit des Kopernikus hinein das maßgebliche Werk und Berechnungsinstrument.

Da das geozentrische ptolemäische System, wie wir heute wissen, auf falschen Grundannahmen beruhte, mussten die geometrischen Modelle für die Bewegungen der Planeten immer komplexer und aufwendiger gestaltet werden. Stellen Sie sich exzentrische Räder über Rädern vor, die mit einer Geschwindigkeit rotieren, die nur bei Betrachtung von einem Ort außerhalb des Zentrums konstant bleibt. Das ptolemäische Universum war ein ziemlich umständlicher Apparat, doch dank der vielen Kniffe und Faltungen funktionierten die Prognosen, wo die Planeten am Himmel auftauchen würden, recht gut.

Das heliozentrische kopernikanische System war im Wesentlichen richtig – allerdings nicht hundertprozentig. Die Erde und die anderen Planeten im Sonnensystem umkreisen die Sonne in Umlaufbahnen, die fast, aber nicht ganz, kreisförmig sind. Die echten Umlaufbahnen sind elliptisch, jedoch in so geringem Maße, dass sie, wenn man sie auf einem Blatt Papier nachzeichnet, für das bloße Auge nicht von einem Kreis zu unterscheiden sind – höchstens für einen besonders scharfsichtigen, pingeligen Zeichner. Kopernikus nahm außerdem an, dass sich die Planetenbewegungen auf ihrer Umlaufbahn mit ihrer Position nicht verändern. Wie hingegen Johannes Kepler entdeckte, hängen die Planetenbewegungen auf der Umlaufbahn von der Entfernung zur Sonne ab, die sich aufgrund einer elliptischen Bahn verändert.

Aufgrund solcher Einschränkungen war das komplexe gekünstelte System von Ptolemäus immer noch in etwa so genau wie das des

Kopernikus, was die Vorhersage der Planetenstellungen am Nachthimmel anging. Dies zeigt, dass manchmal tatsächlich der Glaube an die Richtigkeit eines Systems (des kopernikanischen) die Belege ausstechen sollte.

Bis zur nächsten ausschlaggebenden Entdeckung sollten viele Jahrzehnte vergehen. In den Jahren 1609 bis 1610 entdeckte Johannes Kepler die drei wichtigsten Gesetze der Planetenbewegungen, unter anderem, dass die Umlaufbahnen der Planeten elliptisch sind. Diese Entdeckungen kamen zur selben Zeit wie Galileo Galileis erste Sichtung von Jupiter und seinen vier größten Monden im Januar 1610. Galileo erkannte schnell, dass das System der den Jupiter umkreisenden Monde wie eine perfekte Analogie für die die Sonne umkreisenden Planeten wirkte.

In vielerlei Hinsicht kann die mit Kopernikus beginnende Astronomie von sich behaupten, sie sei der Ausgangspunkt eines neuen Denkens über die Welt und das Universum gewesen. Doch erst die aufkommende Physik, die Isaac Newton fast im Alleingang in seinen *Principia* (1687) entwickelt hat, formte ausschlaggebend das, was wir heute als rationale, logische, wissenschaftliche Methodik verehren und woran wir glauben. Newtons Physik entdeckte Gesetze der Mechanik und der Schwerkraft, die die Umlaufbahnen der Planeten erklärten. Sie wurde das Musterbeispiel der Wahrheit und wie sie zu erlangen sei. Die Physik wurde zum Inbegriff der Wissenschaft – eine Position, die sie bis heute innehat.

Der Physiker David Darling schrieb in seinem Buch *Soul Search*:

Als Gesellschaft haben wir den Fehler gemacht zu glauben, weil die Wissenschaft einige Fragen sehr gut beantworten kann, könne sie am Ende womöglich alle Fragen beantworten. Wissenschaftler waren für gewöhnlich sehr 'bescheiden' in ihren Behauptungen. Doch in jüngerer Zeit haben einige von ihnen größeren Ehrgeiz entwickelt, als habe die illusionäre Macht, die wir ihnen verliehen haben, ihr Urteilsvermögen getrübt. Die Folge waren eine Reihe großspuriger Behauptungen, die weder zu rechtfertigen noch zu erfüllen sind. So beschloss zum Beispiel Stephen Hawking sein Buch *Eine kurze Geschichte der Zeit* mit den Worten, wenn diese Theorie über die Beschaffenheit des Universums aufrechterhalten bliebe, dann „würden wir den Plan Gottes kennen". Hawking mag ein Genie sein, doch seine Meinung über Gott hat nicht mehr Gewicht als die seines Nachbarn nebenan. … Bei der Annäherung an Themen wie den Tod und das Leben danach sind Aufgeschlossenheit und Toleranz für alle Sichtweisen wesentlich. Wir müssen mit den Augen des Wissenschaftlers *und* des Mystikers sehen und von beiden lernen, was wir nur können. Damit folgen wir schlicht dem Beispiel einiger wahrhaft großer Denker dieser Welt.

Aufgrund ihres großen Erfolges, der durch die dazugehörige Technik noch umfassend bestätigt wurde, hat die Physik auf fundamentaler Ebene einen solchen Monopolanspruch auf die Wahrheit erlangt, dass unter dem Begriff „Naturwissenschaft" im Allgemeinen automatisch „Physik" verstanden wird. Physik gilt als beispielhaft für die Naturwissenschaften. Aus diesen Gründen wird den Sozialwissenschaften häufig vorgeworfen, sie hätten „Physik-Neid". Es gibt sogar tatsächlich Sozialwissenschaftler, die ihr Gebiet „naturwissenschaftlicher" machen wollen, indem sie der Physik nacheifern. Doch die Spitzenposition der Physik als Nummer Eins gerät ins Wanken.

Das Ende des Zeitalters der Physik

In den letzten dreihundert Jahren hat die Physik stets behauptet, sie sei sowohl die Wurzel aller anderen Naturwissenschaften als auch das Musterbeispiel dessen, wie Wissenschaft sein sollte. So wird die Chemie zum Beispiel manchmal halb im Scherz als „schmutzige Physik" bezeichnet, weil sie sich mit den unordentlichen Folgen der komplexen und daher „dreckigen" Physik befasst: Mit großen Molekülen, Kristallen und Ähnlichem mehr, das aus Unmengen von Atomen besteht. Es heißt, wenn wir die Gesetze und Teilchen der Physik mit absoluter Genauigkeit kennen würden, dann könnten wir das gesamte bekannte Wissen der Chemie vorhersagen. Mit einer Mischung aus Logik und Hybris – vielleicht mit einem leichten Überschuss an Letzterer – lässt sich dies auch auf die Biochemie und die molekulare Biologie ausdehnen, so dass wir sogar genau vorhersagen könnten, wie aus einem DNS-Strang Lebewesen aufgebaut werden, und das alles auf der Grundlage der Gesetze der Physik. Zumindest sieht es für viele Physiker „im Prinzip" so aus.

Doch heute stößt die Physik an eine Wand.

Was Entdeckungen anbelangt, hatte die Physik bis etwa 1980 einen brillanten Lauf, der über dreihundert Jahre bis zum großen Newton zurückreichte. Damals war das Standardmodell der Elementarteilchenphysik recht vollständig entwickelt. Auf einer einzigen Tabelle konnten die Physiker angeben, welche Teilchen offensichtlich wirklich fundamental waren, etwa das Elektron und das Neutrino; welche Teilchen Komposite und woraus sie zusammengesetzt waren, etwa das Proton und das Neutron, die aus Quarks bestehen; und was solche grundlegenden, aber zusammengesetzten Teilchen zusammenhielt: Gluonen. So schreibt der Physiker Lee Smolin in *Die Zukunft der Physik*: „Zum ersten Mal in der Geschichte der Grundlagenphysik hatte die Theorie das Experiment eingeholt." Es war eine berauschende Zeit für die Physik.

Im Jahr zuvor hatte Smolin in Harvard in theoretischer Physik promoviert. Als brillanter Kopf mit einem so angesehenen akademischen Abschluss in der Tasche müssen seine Aussichten für eine Karriere in der Physik glänzend gewesen sein. Doch in *Die Zukunft der Physik* klagt Smolin, inzwischen weltbekannter Theoretiker der

Quantengravitation und Stringtheorie, er und seine alten Freunde aus Graduiertenzeiten würden einander oft fragen: „Was haben wir entdeckt, worauf unsere Generation stolz sein könnte?" – und die Antwort laute jedes Mal: „Nichts!" Abgesehen von zwei experimentellen Entdeckungen – dass Neutrinos Masse besitzen sowie dass dunkle Energie existiert, die das Universum beschleunigt (beide aus indirekten Messungen abgeleitet) – „wurde kein neues Teilchen entdeckt, keine neue Kraft gefunden, kein neues Phänomen angetroffen, das nicht bereits vor fünfundzwanzig Jahren bekannt war", behauptet Smolin.

Ist das zu pessimistisch? Was ist mit der Entdeckung des Top-Quarks 1995? In dem Sinn, den Smolin meint, war dies eher eine Erleichterung als eine Entdeckung. Es gab gute Gründe für die Annahme, dass Quarks paarweise in „drei Generationen" auftreten, denen man die drolligen englischen Namen *Up* und *Down*, *Strange* und *Charm* sowie *Bottom* und *Top* verpasst hatte. In dieser Aufzählung sind sie nach ihrer Masse angeordnet, die mit der zu ihrer Entdeckung in riesigen Teilchenbeschleunigern erforderlichen Energie korreliert. Nachdem man die ersten fünf bereits durch Experimente in der Tasche hat und immer höhere Energien aufwendet, ist es da wirklich eine Entdeckung, wenn man endlich das Top-Quark schießt und einsackt? Tatsächlich wäre es eine weitaus größere Entdeckung gewesen, hätte man herausgefunden, dass das theoretisch notwendige Top-Quark *nicht* existiert. Das hätte der Physik eine neue Richtung gewiesen. Aber jetzt haben wir das Top-Quark in der Tasche. Und nun?

An der Spitze der physikalischen Forschung steht nach verbreiteter Meinung die Stringtheorie. Sie verkörpert die große Hoffnung, eine wesentlich tiefere Verständnisebene zu erreichen. Doch als die „New York Times" im Jahr 2000 vierzehn prominenten Wissenschaftlern die Frage stellte: „Was halten Sie für wahr, obwohl Sie es nicht beweisen können?", zeichnete der Nobelpreisträger Philip Anderson ein düsteres Bild der Stringtheorie:

Ist die Stringtheorie als Physik eine unnütze Übung, wie ich meine? Sie ist eine interessante mathematische Besonderheit und hat eine Mathematik hervorgebracht und wird dies auch weiterhin tun, die in anderem Zusammenhang nützlich ist; als Mathematik aber erscheint sie nicht vitaler als andere Bereiche hoch abstrakter oder spezialisierter Mathe und rechtfertigt aus diesem Grund nicht die unglaublichen Mühen, die auf sie verwendet werden.

Meine Auffassung basiert darauf, dass die Stringtheorie seit hunderten von Jahren die erste Wissenschaft ist, die in vor-Baconscher Weise ohne angemessene experimentelle Leitung betrieben wird. Sie schlägt vor, die Natur sei so, wie wir sie gerne hätten, statt so, wie wir sie sehen; und es ist unwahrscheinlich, dass die Natur genauso denkt.

Das Traurige daran ist, dass sie – wie mir etliche junge Möchtegern-Theoretiker erklärt haben – so hoch entwickelt ist, dass man bereits vollauf damit ausgelastet ist, sich auf dem neuesten Stand zu halten. Das bedeutet, dass andere Möglichkeiten von den intelligenten, fantasievollen jungen Leuten gar nicht geprüft werden und alternative Karrierewege verbaut sind.

Heute steckt die Physik in einer sehr, sehr tiefen Krise. Tausende von Aufsätzen werden jedes Jahr über die Stringtheorie geschrieben, und dennoch gibt es immer noch keinen einzigen experimentellen Test, der zeigen könnte, dass es Strings tatsächlich gibt. Die große experimentelle Hoffnung, die sich mit dem riesigen europäischen Superteilchenbeschleuniger, dem sogenannten *Large Hadron Collider*, seit seiner Wiederinbetriebnahme nach dem Unfall und der Schließung 2008 verbindet, ist die Entdeckung des Higgs-Teilchens, das nach dem

Standardmodell den Teilchen ihre Masse verleihen soll. Doch selbst die Entdeckung des Higgs-Teilchens, nach dem seit den 1960er Jahren gesucht wird, wäre ein fragwürdiger Erfolg, denn das Higgs-Teilchen würde nicht erklären, wie Quarks die Masse von Proton und Neutron erzeugen (da Quarks der starken Wechselwirkung unterliegen, für die das theoretische Higgs-Teilchen unempfindlich ist). Ja, in der Welt der Physik steht es gerade wirklich nicht zum Besten!

Das Zeitalter nach der Physik

Henry Bauer, Chemieprofessor und pensionierter Studiendekan an der Virginia Polytechnic Institute and State University, hat zahlreiche Artikel und Bücher über Philosophie, Praxis und Politik der Wissenschaft verfasst. Heute fragt er: Wenn das Zeitalter der Physik als Musterbeispiel der Wissenschaft zu Ende geht, was tritt dann an ihre Stelle? Oder anders ausgedrückt, wenn man im 20. Jahrhundert bei dem Begriff Naturwissenschaft fast automatisch an die Physik gedacht hat, welcher Wissenschaftszweig wird einem dann im 21. Jahrhundert einfallen?

Die Antwort lautet: Biologie. Dies hat weitreichende Folgen, die auch auf Bereiche außerhalb der Wissenschaft übergreifen. Es wird unsere Wahrnehmung dessen beeinflussen, was Wissenschaft sein soll. Bauer schreibt:

Wenn die Biologie die prominenteste unter den Wissenschaften wird, dann wird sich auch die Auffassung darüber verändern, was „wissenschaftliches Arbeiten" bedeutet.

Die Vormachtstellung der Biologie zeigt sich auch in den Stellenanzeigen des Online-Netzwerks *Craigslist*. Stellen für Wissenschaftler werden dort allein unter der Rubrik „Biotech/Science" aufgeführt und beziehen sich fast ausschließlich auf die Biotechnologie. Bauers Einschätzung der Situation stimmt haargenau. Biologie ist überall.

Die Physik war erfolgreich, weil sie sich mit einfachen, unbelebten Dingen befasste, für die man relativ einfach Hypothesen und Theorien konstruieren und überprüfen konnte. Ihr Erfolg und das daraus resultierende Ansehen haben zu der Annahme geführt – nicht nur unter Physikern, aber unter ihnen sicher am einhelligsten – dass in den einfachen, unbelebten Dingen die höchste Wahrheit zu finden ist. Doch ein Gen ist weitaus komplexer als ein Atom.

Mit zunehmender Komplexität der Systeme zeigen sich emergente Eigenschaften. Dies gilt allgemein als selbstverständlich. *Es könnte aber auch sein, dass komplexere Systeme ihnen innewohnende Gesetze manifestieren, die auf dieser Ebene gelten und nicht auf kollektive Weise aus einfacheren Zuständen hervorgehen. Verständlicher formuliert, es könnten Gesetze am Werk sein, die sich nicht auf die uns bekannte Physik reduzieren lassen.*

Aus der Sicht des 20. Jahrhunderts, das Wissenschaft als Physik versteht, ist dies blanke Ketzerei. Aus der Sicht des 21. Jahrhunderts, das Wissenschaft als Biologie versteht, könnte dies eine unumgängliche Tatsache werden. Was hier auf dem Spiel steht, ist der Glaube an den Reduktionismus – wonach man etwas versteht, indem man es auseinandernimmt und das Verhalten seiner Teile untersucht – als notwendiges Werkzeug zur Erlangung überprüfbaren Wissens.

Die wissenschaftliche Methodik als solche wird eine Metamorphose durchmachen. Hypothesen aufstellen, Prüfverfahren entwickeln, die eine Hypothese bestätigen oder verwerfen können, und dann sorgfältig kontrollierte Tests durchführen – so etwas kann man in der Physik machen. In der Biologie ist eine solche Einfachheit unmöglich. Keine zwei Kreaturen derselben Art sind exakt identisch wie zwei Elektronen. Fallstudien, anekdotische Berichte, Historien und Ähnliches werden notwendige und akzeptierte Ansätze zur Entdeckung einer sehr komplizierten „Wahrheit" werden – oder zumindest einer vorläufigen Wahrheit. Wie sich in der Medizin am deutlichsten zeigt, kann man ein menschliches Subjekt zur Überprüfung einer Hypothese nicht in das Äquivalent eines Teilchenbeschleunigers stecken.

Selbst eine scheinbar so unverzichtbare Anforderung wie Wiederholbarkeit wird weichen müssen. Bauer erzählt von einem Gespräch mit einem befreundeten Biologen, der eine bedeutende Entdeckung auf seinem Gebiet gemacht hat, bei der Hefestämme eine Rolle spielen. Er war fassungslos, als es den Anschein hatte, sein Experiment sei an einer anderen Universität nicht wiederholbar. Bauer berichtet:

„Nach monatelangen nervenaufreibenden Bemühungen in der Theorie und im Labor fand man heraus, dass die Hefe beim Transport von der einen Universität zur anderen mutiert war."

Elektronen mutieren nicht.

Das Thema Bewusstsein

Wenn die Biologie zunehmend in den Mittelpunkt der Aufmerksamkeit rückt, wird auch das Thema Bewusstsein stets gegenwärtig sein. Was ist Bewusstsein? Ist Bewusstsein etwas, was sich von der Materie trennen lässt und dessen Vorhandensein das Lebendige vom Unbelebten unterscheidet? Aus Sicht der Physik kann eine solche Frage noch nicht einmal legitim formuliert werden. Doch ich prognostiziere, dass dies in der Biologie ein zentrales Thema werden wird.

Bauer schließt:

Die physikhafte Naturwissenschaft hat versucht, den Kosmos in objektiven, unpersönlichen Begriffen, Formeln und Gleichungen zu erklären. Ihr Ziel ist und bleibt eine abstrakte Sicht des Universums und des Menschen wie mit dem Auge

Gottes. Ihre ungerechtfertigte Hybris hat ihr weite Teile der Öffentlichkeit entfremdet. Doch was wir als „moderne Wissenschaft" bezeichnet und geradezu als abschließenden Höhepunkt jahrtausendelanger Entwicklung betrachtet haben, ist in Wirklichkeit gerade einmal pubertäre Wissenschaft: Dreist, herablassend gegenüber älteren Traditionen, allzu selbstgewiss, mit vorschnellen, dogmatischen Meinungen und endgültigen Antworten. Die biologiehafte Naturwissenschaft der Zukunft hingegen, in deren Mittelpunkt die Frage nach dem Verhältnis von Körper und Geist steht, wird eine bescheidenere, realistischere, menschengemäßere Sicht des Kosmos entwickeln müssen – für den Menschen letztendlich die einzig erstrebenswerte Sicht. Zugleich wird man entdecken, dass der Welt Werte und Sinn innewohnen – ein markanter und willkommener Gegensatz zu einer Naturwissenschaft mit Physik gleichsetzenden Sicht …. („Science Past, Present and Future", *Journal of Scientific Exploration*, Vol. 21, 2007)

Zur Debatte steht, ob es möglich ist, *im Prinzip* alles mit physikalischen Begriffen zu erklären. Meiner Vermutung nach haben die meisten Menschen den Eindruck, dass es Gebiete gibt, zu deren Erklärung die Physik Hervorragendes leisten kann, jedoch auch andere – insbesondere solche, die mit dem Wesen des Menschen zu tun haben – in der die Physik nichts Wesentliches zu bieten hat, ja für die sie noch nicht einmal relevant ist. Fraglich ist jedoch, ob der Niedergang der Physik und der Aufstieg der Biologie dazu führen, dass die Wissenschaftler ihre Vermutungen, was die Realität ist, selbst hinterfragen. Besteht die Realität ausschließlich aus Teilchen und Kraftfeldern oder gibt es eine „reale Realität" jenseits der heutigen Domäne der Physik? Gibt es Phänomene, für die eine Bottom-Up-Erklärung nicht greift? Gibt es sogar Dinge, wie das Bewusstsein, die letzten Endes weitaus wichtiger sind als die Entdeckungen in

Teilchenbeschleunigern? Kann die Wissenschaft ihr Denken und ihre Methoden erweitern, statt die Phänomene zu reduzieren, um sie in die vorhandene Physik hineinzuzwängen?

10

DAS PRIMAT DES BEWUSSTSEINS

Die Entstehung des Universums durch einen Bewusstseinsakt ist grundlegender Glaubensinhalt aller großen Religionen. So schreibt der Religionswissenschaftler Seyyed Hossein Nasr in *Mind Before Matter*:

Wenn wir uns den heiligen Schriften verschiedener Religionen zuwenden, entdecken wir, dass der Ursprung des Kosmos und des Menschen in jedem Fall als eine Realität erkannt wird, die bewusst ist und tatsächlich sogar Bewusstsein – verstanden auf der höchsten Ebene als Absolutes Bewusstsein, das transzendent und doch zugleich die Quelle allen Bewusstseins in der kosmischen Welt, einschließlich unseres eigenen ist – konstituiert.

Da unser Kosmos eine Welt der Materie ist, die aus Teilchen und Kräften, die auf Teilchen einwirken, besteht, besagt die von Nasr vertretene Ansicht, dass Bewusstsein das Primat über die Materie hat. Sie versichert, dass Bewusstsein die Materie geschaffen hat, oder vielleicht noch provokativer, dass Bewusstsein die Welt der Materie fortwährend erschafft und erhält. Ich würde behaupten, die Belege aus der Quantenmechanik stützen eher Letzteres.

Die Auffassung vom Primat des Bewusstseins herrschte nach Nasr sogar außerhalb organisierter Religionen vor und wird sowohl von östlichen als auch von klassischen westlichen Philosophen vertreten. Ein bewusstes Universum war in weiten Teilen der Geschichte das allgemeine Weltbild, wobei man sich vor Augen halten muss, dass die Vorstellung vom „Universum" in jener Zeit wesentlich weniger umfasste als das riesige Universum der heutigen Astrophysik.

Sind Sie nichts weiter als ein Haufen Neuronen?

Dies änderte sich mit der im 17. Jahrhundert einsetzenden Wissenschaftlichen Revolution. Sie brachte eine materialistische, reduktionistische Philosophie mit sich, wonach träge Materie die Grundlage alles Realen ist. Diese Ansicht wird heute als „Realismus" bezeichnet (im Gegensatz zum „Idealismus", wonach die Welt, die wir wahrnehmen, nicht alles ist, was es gibt). Nach Ansicht des Realismus ist Bewusstsein lediglich ein Nebenprodukt der Gehirnchemie, mehr nicht. Materie und Kräfte, die auf die Materie einwirken, sind alles, was es gibt. Francis Crick drückt dies in *Was die Seele wirklich ist: Die naturwissenschaftliche Erforschung des Bewusstseins* sehr prägnant aus. Darin schreibt er:

Sie, Ihre Freuden und Leiden, Ihre Erinnerungen, Ihre Ziele, Ihr Sinn für Ihre eigene Identität und Willensfreiheit – bei alledem handelt es sich in Wirklichkeit nur um das Verhalten einer riesigen Ansammlung von Nervenzellen und dazugehörigen Molekülen. … Sie sind nichts weiter als ein Haufen Neuronen.

Seltsamerweise gewinnt man häufig den Eindruck, dass diejenigen, die diese Ansicht besonders lautstark vertreten, wie etwa Richard Dawkins, erstaunliches Entzücken an dieser Düsterkeit finden. Betrachten Sie hingegen die Auffassung von Donald Hoffman, Philosophieprofessor an der Abteilung für Kognitionswissenschaften der University of California in Irvine. Er gehörte zu einer Gruppe prominenter Wissenschaftler – darunter auch Dawkins – denen die *New York Times* die Frage stellte: „Was halten Sie für wahr, auch wenn Sie es nicht beweisen können?" Seine Antwort lautete in Auszügen:

Ich glaube, dass Bewusstsein und seine Inhalte alles sind, was es gibt. Raumzeit, Materie und Felder waren nie die fundamentalen Bewohner des Universums, sondern gehörten von Anfang an zu den bescheideneren Inhalten des Bewusstseins, von dem ihre bloße Existenz abhängt.

Die Welt unserer Alltagserfahrungen – die Welt der Tische, Stühle, Sterne und Menschen mit ihren jeweiligen Formen, Gerüchen, Texturen und Geräuschen – ist eine artspezifische Benutzeroberfläche einer weitaus komplexeren Welt, einer Welt, deren wesentlicher Charakter bewusst ist. Es ist unwahrscheinlich, dass der Inhalt unserer Benutzeroberfläche dieser Welt in irgendeiner Form ähnelt.

Wenn dies stimmt, wenn Bewusstsein fundamental ist, dann sollte es uns nicht überraschen, dass es trotz jahrhunderte-langer Bemühungen der brillantesten Köpfe bis heute keine physikalistische Bewusstseinstheorie gibt, keine Theorie, die erklärt, wie geistlose Materie oder Energie oder Felder bewusste Erfahrung sein oder verursachen können.

Dies steht natürlich in schroffem Gegensatz zur heutigen konventionellen Wissenschaft, deren Denken lautet: Gott sei Dank haben wir den abergläubischen vormodernen Unsinn längst hinter uns gelassen. Mit der Ablehnung der Philosophie vom Bewusstsein als schöpferischer Grundlage des Universums musste die Philosophie des reduktionistischen Materialismus auch jegliche Möglichkeit verwerfen, das Universum – wir eingeschlossen – könne Sinn und Zweck haben.

Quantenmechanik erfordert Bewusstsein

Aus dieser Sicht bedauerlicherweise, aus der Sicht, dass es für das Universum tatsächlich Sinn und Zweck gibt, jedoch glücklicherweise, gilt die Tatsache, dass Quantenmechanik Bewusstsein erfordert, worauf der Mathematiker John von Neumann bereits 1932 in seinem Werk *Mathematische Grundlagen der Quantenmechanik* hingewiesen hat, wie Rosenblum und Kuttner erläutern:

Von Neumann hat gezeigt, dass kein physikalisches System, das den Gesetzen der Physik gehorcht (z.B. die Quantentheorie) eine Wellenfunktion im Zustand der Superposition kollabieren lassen könnte, um ein bestimmtes Ergebnis zu erzielen. … Von Neumann schloss daraus, dass nur ein bewusster

Beobachter, der etwas tut, was die Physik nicht erfasst, eine Wellenfunktion kollabieren lassen kann. Tatsächlich kann nur ein bewusster Beobachter eine Beobachtung machen.

Rosenblum und Kuttner schlagen weiter in diese Kerbe: „Die Quantenmechanik gilt für alles." Ein monochromatischer Gravitationswellendetektor muss unter Zuhilfenahme der Quantenmechanik analysiert werden. Außerdem weisen sie darauf hin, dass ein Drittel unserer Wirtschaft auf Produkten basiert, die mit Quantenmechanik arbeiten, zum Beispiel Laser und Mikrochips.

Als Astrophysiker gebe ich zu, dass ich mich selber ärgere, wenn ich vage und wissenschaftlich unbeleckte Andeutungen höre, das Universum als solches sei irgendwie bewusst. Denken Sie daran, dass es von hier bis zum nächsten Stern außerhalb des Sonnensystems etwa vierzig Billionen Kilometer sind. Da draußen liegt sehr viel leerer Raum! Die Sonne und andere Sterne sind riesige Energiebälle von Millionen Kilometern Durchmesser und mit einer Kerntemperatur von um die sechzehn Millionen Grad Celsius. Dort, im Kern, ist das Gas um ein Vielfaches dichter als Blei. Könnte man eine unbelebte Hölle besser beschreiben?

Den Sprung vom abstrakten Konzept eines bewussten Universums zu einer Vorstellung, die das „reale" Universum mit seiner unendlichen Weite und offensichtlich unbelebten Materie meint, finde ich eher schwierig. Wenn hinter dem Urknall aber Bewusstsein steht, dann ist es letzten Endes die Grundlage von allem, ungeachtet der Grenzen meiner Vorstellungsfähigkeit.

Freeman Dyson, weltbekannter Experte für Quantenmechanik, Festkörperphysik und Kerntechnik sowie Träger der Lorentz- und der Planck-Medaille, hatte über Bewusstsein und das Universum Folgendes zu sagen:

Es wäre nicht überraschend, wenn sich herausstellen sollte, dass Ursprung und Bestimmung der Energie im Universum nicht isoliert von den Phänomenen Leben und Bewusstsein zu verstehen sind. ... Denkbar ist ... dass das Leben eine größere Rolle spielt, als wir uns bisher vorgestellt haben. Womöglich ist es dem Leben entgegen aller Wahrscheinlichkeit gelungen, das Universum in seinem Sinne zu formen. Der Aufbau des unbelebten Universums ist möglicherweise nicht so unabhängig von den Potenzialitäten des Lebens und der Intelligenz, wie Naturwissenschaftler dies im 20. Jahrhundert gerne vermutet haben. (zitiert in *The Quantum Enigma*)

Wenn sie auch von der konventionellen Wissenschaft noch nicht ernst genommen wird, so erlebt die Auffassung, dass Bewusstsein primär ist und dies die Idee von einer hinter dem Universum stehenden Intelligenz untermauert, offensichtlich in der westlichen Kultur doch einen Aufschwung. Außerhalb der heiligen Hallen der akademischen Welt liegt das Gefühl in der Luft, dass ein fundamentaler Bewusstseinswandel einsetzt.

Bewusstseinsverschiebung

Bereits Ende der 1980er Jahre schrieb Willis Harman, Zukunftsforscher, Stanford-Professor, Mitglied des Leitungsgremiums der University of California und Präsident des Institute of Noetic Sciences in seinem Buch *Bewusstsein im Wandel*:

Wir erleben einen der größten Übergänge der Geschichte – einen Wandel der Glaubensstruktur der westlichen Gesellschaft. Keine wirtschaftliche, politische oder militärische Macht ist mit der Macht eines Bewusstseinswandels zu vergleichen. Durch die absichtliche Veränderung ihres Realitätsbildes verändern die Menschen die Welt.

Er sah eine Annäherung von Naturwissenschaft und Religion, doch so, dass dadurch sowohl die Naturwissenschaft als auch die Religion verändert würden. Aufseiten der Religion sah er vorher, dass viele Religionen einer einzigen Spiritualität weichen, in der Gott nicht mehr getrennt und außerhalb von uns ist. Er sah vorher, dass wir unser göttliches Wesen entdecken, wie es die ewige Philosophie behauptet.

Aber es ist nicht alles eitel Sonnenschein. Es gibt auch eine dunkle Seite. Der Zoologe und Paläoanthropologe Hank Wesselmann ist ein Naturwissenschaftler, der mit je einem Bein in zwei Welten steht. Seinen Bachelor und Master machte er in Zoologie an der University of Colorado in Boulder und wurde anschließend an der University of California in Berkeley in Anthropologie promoviert. Da er allerdings ein Interesse an den spirituellen Überlieferungen indigener Völker entwickelte, forschte er dreißig Jahre lang im Großen Afrikanischen Grabenbruch über die Evolution und bildete sich über zwanzig Jahre lang in Schamanismus fort. Auch er sieht Anzeichen dafür, dass in der westlichen Kultur bereits ein umfassendes und transformierendes spirituelles Erwachen im Gange ist.

Es ist niemandem mehr neu, dass ein umfassendes spirituelles Erwachen stattfindet – ein Erwachen, das zwei unterschiedliche Aspekte hat. Auf der einen Seite erleben wir ein Aufflammen des religiösen Fundamentalismus, der historische Ansichten aus dem Mittelalter vertritt – ein Glaube, der seine Schriften wörtlich nimmt und die Welt zum Reich eines fernen, transzendenten, autoritären Vater-Gottes erklärt, der ab-

wechselnd zornig und gütig ist. ... Auf der anderen Seite und
dieser Ansicht entgegenstehend haben wir die spirituell erwachte und erweiterte Perspektive der säkularen Humanisten,
die eine allgegenwärtige, immanente Göttliche Gegenwart
der Schöpferkraft wahrnehmen, die in der gesamten Schöpfung vorhanden sowie wohlwollend, lebensverbessernd und
lebenserhaltend ist. (*Mind Before Matter*)

Ein Wiederaufflammen des Fundamentalismus ist deutlich zu erkennen, mit besonders katastrophalen Folgen in der islamischen
Welt. Aber auch im Westen gibt es reichlich apokalyptischen Fundamentalismus, der sich geradezu ergeht in der Vorstellung von einem
Weltenbrand, einer Schlacht zwischen Gut und Böse, die zum Ende
aller Tage gehört, zur Drangsal, die von der Wiederkunft Christi
kündet. Auf der Weltbühne sieht es zum Teil sehr gefährlich aus.

Ein Glaubenskampf in drei Richtungen

Zu Beginn der Arbeit an meinem ersten Buch über dieses Thema,
Warum Gott nicht würfelt, leitete ich mein Manuskript mit folgenden
Zeilen ein:

Am Beginn des neuen Jahrtausends ist die westliche Kultur
tief gespalten. Vor uns erstrecken sich zwei auseinanderlau-
fende Wege, und zwischen ihnen klafft ein Abgrund. Jeder
Weg führt zu einem anderen Horizont, der so weit weg ist,
wie das Auge reicht oder das Denken sich vorstellen kann.
Der eine ist der Weg des Eroberers, der andere der des Pil-
gers. Es scheint, als ginge es bei der Entscheidung zwischen
ihnen um alles oder nichts, um Wissenschaft oder Geist.

Rückblickend betrachtet, sehen die Dinge heute wesentlich problematischer aus. Seit 9/11 zeigt sich deutlich, dass wir uns in einem Tauziehen an drei und nicht nur zwei Enden befinden. Dieses findet nicht nur zwischen Wissenschaft und Geist statt, sondern auch zwischen einer Spiritualität, die die göttliche Kreativität, die zur Natur des Menschen gehört, weil der Mensch eine Version des inkarnierten Gottes ist, anerkennt, ausübt und feiert, und einer „Spiritualität", die uns zu Kriegern macht, die in sklavischer Unterwürfigkeit einem allzu menschlichen Warlord von einem Gott dienen, einem jähzornigen, sogar blutrünstigen Tyrannengott: Einem launischen Dschingis Khan, der Blitze vom Himmel schleudert. Ein solcher „Gott" findet Gefallen an Unterwürfigkeit, nicht an Kreativität. Es ist erstaunlich und entmutigend, dass die schlimmsten Aufrufe aus biblischer Zeit à la „erschlagt die Feinde des Herrn" im 21. Jahrhundert Tag für Tag zu Mord und Totschlag führen, serviert an High-Definition-Fernsehbildschirmen im heimischen Wohnzimmer und in unzähligen Blogs im Internet.

In seiner Zeitungskolumne *Foreign Matters* schreibt Joel Brinkley, Professor für Journalismus an der Universität Stanford:

Wenn Sie begreifen wollen, warum heute immer noch islamistische Terroristen aus dem Nahen Osten hereinströmen, dann vergegenwärtigen Sie sich ein kleines Drama, das sich gerade in Saudi-Arabien abspielt. Vor wenigen Wochen ordnete eine der höchsten religiösen Autoritäten des Landes an, dass zwei Reporter einer linientreuen saudischen Zeitung exekutiert werden sollen, weil sie Artikel publiziert haben, in denen zu lesen war, dass auch andere Religionen als der Islam Anerkennung verdienen.

Das ist keine leere Drohung gegen das Leben dieser beiden Reporter. In Saudi-Arabien wurden 2007 hunderteinundfünfzig Menschen enthauptet. Die Exekutionen werden normalerweise freitags nach dem Gebet vor einer Moschee durchgeführt. Eine atheistische Welt ohne Gott ist einer Welt, die einem solchen „Gotteswahn" verfallen ist, bei weitem vorzuziehen, um eine Anleihe bei Richard Dawkins zu nehmen. Dennoch glaube ich, dass sich ein Weg auftut, der weder zu Dawkins noch ins finstere Mittelalter führt.

Grund zur Hoffnung

Vielleicht liegt es in der Natur des Menschen, dass große Veränderungen stets mit Konflikten verbunden sind. Die Vereinigten Staaten haben ihre Unabhängigkeit von Großbritannien nicht bei Tee und Plätzchen erlangt. Genau wie in der Französischen Revolution mussten dafür buchstäblich Köpfe rollen. Die Konflikte in der heutigen Welt sind deutlich genug. Sie müssen hier erst gar nicht ausgebreitet werden. Gibt es Indizien für die Erleuchtung der Menschheit, wie ich sie unverfroren nennen möchte?

Mit dem von ihnen geprägten Begriff „Kulturkreative" bezeichneten der Soziologe Paul Ray und die Psychologin Sherry Ruth Anderson einen großen Teil der amerikanischen Gesellschaft, dem es mehr um humanitäre, ökologische und spirituelle Fragen geht als um Wohlstand und Konsum. Was sie unter dem Titel *The Cultural Creatives: How 50 Million People Are Changing the World* veröffentlichten, war keine leichtfertig gezogene Schlussfolgerung. Sie stützten sich auf Studien aus dreizehn Jahren an über hunderttausend Amerikanern sowie mehr als hundert Fokusgruppen und Einzel-Interviews. Die Kulturkreativen – die sich nach Schätzung der Autoren auf etwa ein Viertel der amerikanischen Erwachsenenbevölkerung belaufen – ließen sich offensichtlich nicht den beiden anderen Segmenten der Gesellschaft zuordnen, die die Verfasser der Studie als „traditionell" und „modern" bezeichneten. Die Attribute der Kulturkreativen standen eher orthogonal, also im rechten Winkel, zu *traditionell* und *modern*, statt dazwischen. Kulturkreative sind sowohl eher nach innen gewandt und wollen ihrem eigenen Wesen auf den Grund gehen, als auch sozial interessiert, und sie engagieren sich für lohnende Aktivitäten zur Verbesserung der Gesellschaft. In Europa mag es weitere hundert Millionen Kulturkreative geben. Frauen übertreffen Männer zahlenmäßig übrigens im Verhältnis drei zu zwei.

Könnte dies die Vorstufe der Erleuchtung der Menschheit sein?

Die Ahnung, dass ein Wandel geboten ist, ist leicht zu beweisen. Selbst wenn man die zahlreichen Belege für den vom Menschen verursachten weltweiten Klimawandel von der Hand weisen wollte, zeigt doch schlichte Arithmetik, dass das Wachstum angesichts endlicher Ressourcen – *ein* Planet von begrenzter Größe – nicht unendlich weitergehen kann. Es ist eine logische und mathematische Unmöglichkeit. Das einzig Ungewisse ist, wann sich alles zuspitzt. Sobald die Nachfrage nach etwas das Angebot übersteigt, wird es einen Wandel in dessen Verfügbarkeit geben. Einige Veränderungen werden zu Störungen führen, andere zum Kollaps. Wie nie zuvor steht die Menschheit vor echten globalen Grenzen mit weltweiten Folgen. Diese Situation war bisher noch nicht eingetreten, deshalb ist die Behauptung, die so noch nie dagewesen ist, heute gerechtfertigt und sollte nicht als neueste Hiobsbotschaft vom nahen Weltuntergang abgetan werden.

Wenn wir unsere Sorge einmal auf spirituelle Angelegenheiten beschränken, dann stellen wir fest, dass die neue Spiritualität, die sich im kulturkreativen Sektor herausbildet, im Kern die ewige Philosophie ist, auch wenn dieser Begriff kaum gebraucht wird. Dies passt haarscharf zu den globalen Themen, die nichts mit Spiritualität zu tun haben, weil die ewige Philosophie dem Kern fast aller besten Lehren aus aller Welt entnommen ist. Das Erkennungsmerkmal der neuen Spiritualität ist, dass sie keiner Mittler zwischen Gott und uns bedarf: Keine Kirche, keinen Priester, keinen Guru. Wir lernen, uns direkt mit Gott zu verbinden, und der Schlüssel dazu ist ein sich stetig erweiterndes Bewusstsein. Für mich sind dies ermutigende Zeichen.

In seinem jüngsten Buch *Der Aufstieg der Anderen: das postamerikanische Zeitalter* diskutiert der Newsweek-Kommentator Fareed Zakaria ein paar interessante Widersprüche. Zunächst weist er auf eine Umfrage hin, wonach einundachtzig Prozent aller Amerikaner glauben, die Vereinigten Staaten befänden sich auf dem Holzweg – mit Abstand das schlechteste Ergebnis seit fünfundzwanzig Jahren. Weder die Umfrage noch das Buch befasst sich mit spirituellen Dingen, doch das Ausmaß von Angst und Pessimismus gehen für Zakaria offensichtlich über Arbeitslosigkeit, Zwangsvollstreckungen und terroristische Bedrohungen hinaus.

Man mag es Existenzangst oder spirituelle Leere nennen. Er schreibt:

Die Angst der Amerikaner rührt von etwas viel Tieferem, von dem Gefühl, dass starke und zerstörerische Kräfte sich auf der Welt ausbreiten.

Also bestätigt dies das Naheliegende: Wir leben in dunklen und gefährlichen Zeiten. Richtig?

Die Antwort lautet: „Nicht ganz." Zakaria weist darauf hin, dass ein Wissenschaftler-Team der Universität Maryland, das sich sehr eingehend mit der Faktenlage befasste, festgestellt hat, dass „Kriege aller Art seit den 1980er Jahren rückläufig sind und wir heute auf der niedrigsten Stufe globaler Gewalt seit den 1950ern leben". Die Daten deuten darauf hin, dass die heutige Zeit zu den friedlichsten in der Geschichte gehören könnte.

Eine solch erstaunliche Schlussfolgerung erscheint absurd. Doch zwei Faktoren spielen dabei eine Rolle. Es gibt viel mehr Menschen auf der Erde. Mehr gewaltsame Zwischenfälle insgesamt können daher dennoch bedeuten, dass der Durchschnittsmensch in einer sichereren Umgebung lebt. Ein bedeutenderer Faktor ist der Grad der weltweit, oft in Echtzeit, verfügbaren Information. Die „Bandbreite" der Nachrichten übersteigt bei weitem die begrenzten Möglichkeiten einer Handvoll Fernsehsender, die vielleicht pro Tag eine Stunde Nachrichten senden. Das meiste, wovon wir heute hören, hätte es früher nie in die „Tagesschau" geschafft. Es war einfach nicht genügend Zeit für alles da.

Ich erinnere mich an die Gräuel von Vietnam und Kambodscha. Zwei Millionen Menschen starben dort in den 1970ern, worüber in den Zeitungen und im Fernsehen berichtet wurde. Doch über die Bürgerkriege in Afrika in den 1990ern, bei denen ebenfalls viele Menschen umkamen, habe ich wenig gehört.

Von Mark Twain – wem sonst – stammen die berühmten Worte, es gebe „Lügen, verdammte Lügen und Statistik". Dennoch sieht es zahlenmäßig besser aus, als es den Anschein hat. Zwischen Atheismus und Fundamentalismus entsteht anscheinend eine transformationale Spiritualität. Das wichtigste Kennzeichen dieser transformationalen Spiritualität ist die Erkenntnis, dass religiöse Institutionen nicht notwendig sind, um sich mit Gott zu verbinden. Diese Kraft liegt in unserem Inneren. Schließlich sind wir im Wortsinne Inkarnationen Gottes, wo also sollte man den Kontakt zu Gott eher suchen, als im eigenen Inneren? Unser Bewusstsein ist letztendlich eins mit dem Bewusstsein Gottes, und dies macht es schöpferisch. Wenn ausreichend viele Menschen ihr schöpferisches Bewusstsein auf positive Weise aktivieren, dann können wir tatsächlich „eine neue Erde" erschaffen, wie Eckhart Tolle vorschlägt.

WIE IST
DER STAND
DER DINGE?

Oft wird gefragt: Können Naturwissenschaft und Religion bei gegenseitigem Respekt und unter Anerkennung ihrer gegenseitigen Berechtigung friedlich koexistieren? Kann man vernünftigerweise erwarten, dass die eine die Frage nach dem *Wie* des Daseins und die andere die nach dem *Warum* beantwortet? Dies stand dem Biologen Stephen J. Gould bei seiner Idee der „einander nicht überschneidenden Lehrbereiche" vor Augen – komplementäre Wissensgebiete.

Wenn mit Religion die organisierte, institutionalisierte Religion gemeint ist, dann bin ich skeptisch. Ja, in diesem Fall halte ich es für keine gute Idee, selbst wenn es möglich wäre. Die organisierten Religionen können sich nicht einmal untereinander einigen – zumindest auf öffentlicher Ebene. Aufgrund simpler Logik müssen daher sehr viele religiöse Glaubensinhalte und Dogmen falsch sein, weil sie sich rundheraus widersprechen.

Eckhart Tolle schreibt in seinem Buch *Eine neue Erde*:

So wurden die Religionen weitgehend zu Kräften, die Uneinigkeit statt Einigkeit stifteten. Statt Gewalt und Hass durch die Erkenntnis der grundsätzlichen Einheit allen Lebens zu beenden, lösten sie weiteren Hass und Gewalt aus, entzweiten die Menschen noch mehr und vertieften die Zwietracht zwischen den Religionen und sogar innerhalb einer Religion. Sie wurden zu Ideologien und Bekenntnissen, mit denen die Leute ihr falsches Selbstgefühl nähren und sich identifizieren konnten. Mit ihrer Hilfe konnten sie sich selbst ins „Recht" und andere ins „Unrecht" setzen, um so die eigene Identität im Gegensatz zu den Feinden, den „anderen", zu definieren, zu den „Ungläubigen" oder „Ketzern", zu deren Tötung sie sich oft berechtigt fühlten.

Andererseits behauptet die ewige Philosophie nachdrücklich, dass es Kerninhalte des Glaubens gibt, die im Allgemeinen aus mystischen Erfahrungen quer durch viele Kulturen gewonnen wurden und die eine in sich zusammenhängende spirituelle Philosophie bilden. Wenn die ewige Philosophie im Wesentlichen recht hat, dann wird die Naturwissenschaft mit ihr zurechtkommen müssen. Am Ende wird notwendigerweise eine Integration wissenschaftlicher und religiöser Vorstellungen stehen, auch wenn sich dies heute in den Naturwissenschaften noch kaum abzeichnet. Diese Integration wird die Substanz beider eher erweitern als verwässern. Die Hindernisse liegen im Fundamentalismus beider Lager, wobei Fundamentalismus als der rigide Glaube definiert wird, man habe Zugang zur ganzen Wahrheit. Dieses Denken ist leider sowohl in den Religionen als auch in der Naturwissenschaft anzutreffen. Hüten Sie sich vor behaupteten Gewissheiten, gleich ob von Priestern oder Professoren.

Multiversen oder Schöpfer?

Im Laufe der letzten zwei Jahrzehnte hat sich bedeutendes neues Beweismaterial angesammelt. In Kapitel Drei haben wir gesehen, inwiefern moderne Entdeckungen in der Astrophysik zu der Schlussfolgerung geführt haben, dass wir in einem Universum leben, das überraschend fein auf die Existenz und Evolution von Leben abgestimmt ist. Außer den zehn Schlüssel-Koinzidenzen, die zu einem „genau richtigen" Universum führen, gibt es um die dreißig weitere Konstanten – wie etwa die Massen der fundamentalen Teilchen – die ebenfalls ausschlaggebend sein könnten oder nicht. So wissen wir zum Beispiel nicht, warum die sechs Quarks eine Massenbandbreite haben, so dass das schwerste etwa sechzigtausend Mal massiver ist als das leichteste. Sind diese Werte ebenfalls ausschlaggebend für den Ursprung des Lebens? Das weiß niemand, aber die Feinabstimmung könnte sogar noch weiter gehen als wir im Moment erkennen. Dies ist natürlich Spekulation.

Doch bei den zufälligen Werten der zehn Schlüsseleigenschaften des Universums, die in der Tabelle im Anschluss an dieses Kapitel aufgeführt werden, sind die Tatsachen unbestritten. Dies ist etwas, was einer Erklärung bedarf. So schreibt George Ellis, der berühmte Kosmologe und Co-Autor von Stephen Hawking bei Forschungsartikeln:

Klar ist, dass Leben in der uns bekannten Form nicht möglich wäre, wenn es sehr kleine Veränderungen gäbe, entweder in der Physik oder im sich ausdehnenden Universum, das wir um uns herum sehen. Es gibt viele Aspekte der Physik, die, wären sie anders, jegliches Leben verhindern würden. ... Wir erkennen jetzt, dass das Universum etwas sehr Außergewöhnliches ist – in dem Sinne, dass es so fein abgestimmt ist, dass es darin Leben geben kann. (The Dialogue: Where It Stands Today and Why It Matters)

Von der nicht weiterführenden Erklärung, dies sei einfach ein glücklicher Zufall, abgesehen, muss man entweder die Statistik oder einen Schöpfer bemühen, um sich einen Reim darauf machen zu können. Natürlich favorisiert die konventionelle Wissenschaft das Argument, unser Universum könne für das Leben genau richtige Eigenschaften haben, ohne dass dies auf einen Schöpfer oder irgendetwas Besonderes hindeuten müsse – und logisch ist dies auch möglich, wenn es eine riesige Anzahl weiterer, verschiedener Universen gibt, die wir niemals beobachten können. Bei ausreichend vielen hypothetischen Universen wird eine „genau richtige" Eigenschaftenmischung statistisch unvermeidlich. Wenn Sie also bereit sind, an die Existenz einer Unzahl unentdeckbarer Universen zu glauben, dann können Sie diese Erklärung akzeptieren. Die erforderliche Anzahl ist allerdings riesig: Sie liegt irgendwo zwischen einer Eins mit fünfhundert Nullen und womöglich sogar Unendlich.

Ist das vernünftig? Ist dieser Preis vernünftig, wenn man dadurch einen intelligenten Schöpfer vermeiden kann? Das ist eine Ermessensentscheidung. Der stocknüchterne Mathematiker, Schriftsteller und Skeptiker Martin Gardner schrieb fünfundzwanzig Jahre lang eine Kolumne für den *Scientific American* (die in deren deutscher Ausgabe *Spektrum der Wissenschaft* als „Mathematische Spielereien" erschienen sind) und war Gründungsmitglied des erzskeptischen *Committee for the Scientific Investigation of Claims of the Paranormal* (CSICOP). Er kaufte die Lösung mit den Multiversen nicht ab. In seinem Buch *Are Universes Thicker Than Blackberries* schreibt er:

Es gibt nicht das kleinste Fitzelchen eines zuverlässigen Beweises dafür, dass es ein anderes Universum gibt als das, in dem wir leben. Bisher hat keine Multiversen-Theorie eine Vorhersage geliefert, die getestet werden könnte. ... Natürlich ist die Mutmaßung, es gebe nur ein Universum und seinen Schöpfer, unendlich viel einfacher und leichter zu glauben, als dass es unzählige Milliarden und Abermilliarden Welten geben soll, deren Anzahl ständig weiter zunimmt und die von niemandem erschaffen worden sind. Ich kann mich nur wundern, auf welch tiefe Stufe die heutige Wissenschaftsphilosophie gesunken ist.

Die Hypothese von den Multiversen lässt sich in keiner Weise überprüfen. Dies ist schon im Prinzip ausgeschlossen, denn bei unterschiedlichen Naturgesetzen in unterschiedlichen Universen – die Schlüsselhypothese – gibt es keinerlei Möglichkeit zur Beobachtung. Daher ist dies keine wissenschaftlich überprüfbare Theorie. Mithin ist die Überzeugung von einem Multiversum ein religiöser Glaube, ganz gleich wie üppig man ihn mit einer wissenschaftlichen Sprache und Mathematik ausstaffiert.

Ellis betont außerdem:

Die Multiversum-Theorie verschiebt das Problem nur auf später; das Thema der letztendlichen Kausalität bleibt ... sie schiebt die letzte Frage nur eine Stufe weiter nach hinten.

Woher kamen die Gesetze, die ein Multiversum ausgelöst haben und aufrechterhalten?

Bewusstsein und freier Wille

Die ewige Philosophie basiert auf dem Konzept, dass die traumähnliche Realität einer Welt aus Materie und Energie vom Bewusstsein erschaffen wurde. Im Moment verwirft die konventionelle Naturwissenschaft dieses Konzept und versucht, Bewusstsein als

Nebenprodukt der Gehirnchemie zu erklären – oder genauer gesagt „wegzuerklären". Bewusstsein, so wird angenommen, geht irgendwie aus Materie hervor, sobald diese bis zu einem ausreichend komplexen Grad im Gehirn organisiert ist. Tatsache in dieser Materie ist aber, dass die Naturwissenschaft nicht weiß, was Bewusstsein ist.

Die meisten Physiker befinden sich in seliger Unwissenheit darüber, dass die Erschaffung der physischen Realität durch Bewusstsein bereits in die Quantenphysik eingebaut ist und durch stringente und geniale Experimente im Zusammenhang mit der *Bellschen Ungleichung* und inzwischen sogar mit der noch signifikanteren *Leggettschen Ungleichung* bestätigt worden ist. Das trojanische Pferd des schöpferischen Bewusstseins ist bereits ins Troja der Physik geschafft worden.

Bewusstsein ist natürlich aufs Engste mit dem freien Willen verbunden. Die meisten Menschen glauben, ihre Taten seien eine Folge ihrer eigenen Entscheidungen. Unser Rechtssystem, das Gesetz, geht selbstverständlich davon aus. Wenn Sie abdrücken, dann wird kein Gericht Sie für unschuldig erklären, bloß weil Sie behaupten, „meine Atome haben sich dazu verschworen, mich dazu zu bringen".

Offensichtlich gibt es Faktoren, die unser Tun beeinflussen. Wenn Sie in einem problematischen Stadtteil mit hoher Kriminalität aufgewachsen sind, besteht die Möglichkeit, dass Ihr Verhalten dadurch beeinflusst wird. Darum geht es aber nicht. Freier Wille bedeutet, den Arm zu heben oder sich am Kopf zu kratzen oder dieses Buch zu lesen und zu wissen, dass es die eigene freie Entscheidung war. Wer könnte dies bezweifeln?

Die Newtonsche Physik. Ja, aus Newtons Physik ergibt sich, dass wir absolut keinen freien Willen haben. Die Ausrede „meine Atome haben sich dazu verschworen, mich dazu zu bringen" ist genau das, was die Newtonsche Physik gebietet. Um es deutlich zu sagen, Newton selber hat so etwas nie behauptet, die Logik der Newtonschen Physik allerdings wohl. Aus dieser Sicht besteht alles im Universum aus Teilchen, aus einzelnen und aus miteinander zu Molekülen verbundenen Atomen. Die Argumentation ist folgende: Zu jedem beliebigen Zeitpunkt führen Position und Bewegung jedes Atoms oder Moleküls exakt zu deren Position und Bewegung im nächsten Moment. Stellen Sie sich das Universum und alles, was darinnen ist (einschließlich uns), als einen riesigen Billardtisch vor. Sobald die Kugeln in Bewegung gesetzt sind, ist alles andere aus der Sicht der Newtonschen Physik vollkommen vorhersagbar.

Um auf den Punkt zu kommen: Position und Bewegung jedes Teilchens auf Erden vor hundert Millionen Jahren, als die Dinosaurier noch durch die Landschaft streiften, führen unausweichlich dazu, was Sie heute Morgen nach dem Frühstück gemacht haben. Ja, nach materialistisch-reduktionistischem Verständnis des Bewusstseins sind Ihre Gedanken lediglich elektro-chemische Aktionen von Atomen und Molekülen in Ihrem Gehirn. Daher sind also nicht nur alle Ihre Handlungen aus der Urgeschichte hervorgegangen – im Prinzip bis ganz zurück zum Urknall – sondern auch Ihre Gedanken. So gesehen, ist das Universum eine riesige Maschine oder genauer eine Gruppe von Maschinen – wie wir zum Beispiel – die sinnlos vor sich hin schuften, vom ersten Tag an völlig vorhersehbar und unveränderlich, einschließlich aller unserer Gedanken und Gefühle.

Dies ist gewiss die absolut düsterste Sicht der Wirklichkeit und des Menschen. Schlimmer kann es nicht mehr kommen. Doch über zweihundert Jahre lang, seit Newtons Zeiten, war dies die logische Schlussfolgerung, die aus der Physik zu ziehen war. In der Praxis können Menschen freilich inkonsistente, widersprüchliche Auffassungen hegen und dennoch ihren Alltag meistern. Daher haben also selbst Menschen, die genügend von Physik verstanden, um die düsteren Implikationen reiner Newtonscher Physik vorherzusehen, im Alltag so gelebt, als träfe nichts davon zu. Ich weiß von keinem Versuch, das Strafrecht mit der Begründung abzuschaffen, niemand könne für vorherbestimmte, unausweichliche Handlungen seinerseits verantwortlich sein. Am nächsten kommt dem vielleicht noch die radikale behavioristische Psychologie von B. F. Skinner mit seiner

„operanten Konditionierungskammer". In dieser heute als „Skinner-Box" bezeichneten Apparatur sollten Vögel und Nager lernen, an eine Futterbelohnung zu kommen.

Mit dem Aufkommen der Quantenmechanik und damit der intrinsischen Ungenauigkeit der Heisenbergschen Unschärferelation wurden die Tore des düsteren Kausal-Gefängnisses aufgestoßen. Nun lässt sich nicht einmal mehr im Prinzip exakt vorhersagen, was von einem Moment zum anderen geschehen wird. Dies allein wäre schon ein ausreichender Grund für philosophisches Jubelgeschrei. Doch aufgrund von Quanten-Experimenten wie denjenigen zur Messung der Bellschen und der Leggettschen Ungleichung wissen wir jetzt, dass auf unbestimmte Weise das Bewusstsein der Materie sagt, was sie zu tun hat – und nicht umgekehrt. Ja, die Newtonsche Physik ist ausreichend präzise, um ein Raumschiff vom Start in Cape Canaveral bis zur Landung an einem bestimmten Ort auf dem Mars zu dirigieren. Keine Quantenmechanik ist direkt involviert, und eigentlich ist noch nicht einmal die Relativitätstheorie notwendig. Aber auf der fundamentalen Ebene ist die Newtonsche Physik nicht mehr die Königin. Das ebnet dem freien Willen theoretisch den Weg, und die neueren Quantenmessungen bestätigen den freien Willen experimentell.

Die Quantenmechanik besagt recht klar, dass auf dieser Ebene Bewusstsein Realität erschafft. Unsere eigene Bewusstseinserfahrung ist der Inbegriff unmittelbaren, direkten Wissens. Die mystische Erfahrung der Glücklichen, die sie erleben durften, führt bei ihnen zu einem alle Worte übersteigenden Wissen, wonach unser Bewusstsein in Wirklichkeit dasselbe ist wie das einer universellen schöpferischen Intelligenz. Dennoch bestreiten die eingefleischten reduktionistischen Materialisten dies immer noch.

In seinem Buch *Triumph des Bewusstseins* parodiert der Kognitions- und Neurowissenschaftler Merlin Donald diese Ansicht:

Bewusstsein ist eine Illusion, und wir existieren in keiner sinnvollen Weise. Aber, so entschuldigen sie sich des Langen und Breiten, diese beängstigende Tatsache spielt keine Rolle. Das Leben geht weiter wie immer, ein sinnloser Algorithmus folgt auf den anderen, und wir können alle in unseren Alltag zurückkehren, als wäre nichts geschehen. Das ist in etwa so, als sagte man Ihnen, Ihre richtigen Eltern seien nicht die, bei denen Sie aufgewachsen sind, die Sie kennen und lieben, sondern Jack the Ripper und Ilsa, die SS-Schergin aus dem amerikanischen Film. Aber machen Sie sich deswegen keinen Kopf. ... Die praktischen Konsequenzen dieses deterministischen Kreuzzugs sind in der Tat schrecklich. Es gibt keine gesunde biologische oder ideologische Grundlage für Selbstheit, Willenskraft, Freiheit oder Verantwortung. Die Auffassung vom bewussten Leben als einem Vakuum vermittelt uns eine Vorstellung vom Selbst, die willkürlich ist, relativ und – viel schlimmer noch – völlig leer, weil es eigentlich kein bewusstes Selbst ist, zumindest nicht in einer Weise, die irgendwie wichtig wäre.

Evolution

Ich habe argumentiert, die Evolution der Lebensformen sei nicht nur wissenschaftlich gut belegt, sondern tatsächlich auch für einen Schöpfer die logischste Möglichkeit, sein Ziel, durch Lebensformen Erfahrungen zu schaffen, zu erreichen. Ein Schöpfer, der ein paar klug durchdachte grundlegende Naturgesetze so entwerfen kann, dass sie die enorme Komplexität der Entwicklung von Leben erlauben, ist für mich beeindruckender als ein Schöpfer, der an seinen Geschöpfen herumbasteln muss – und dabei auch ein paar spektakuläre Fehlversuche produziert.

Schöpferfeindliche Evolutionsfans weisen oft auf die unaufge-
räumten, provisorischen, suboptimalen Aspekte der Geschöpfe und
ihrer Gewohnheiten hin und fragen dann: „Was für ein stümper-
hafter Designer hat die denn entworfen?" Wären die Lebensformen
das *unmittelbare* Produkt eines Designers, hätten sie mit ihrer Kritik
auch ziemlich recht. Aber die Lebensformen sind eben genau dies
nicht. Der unordentliche Evolutionsprozess ist eine recht beeindruckende Demonstration dessen, was die richtigen, dem Universum
zugrunde liegenden Grundgesetze zu leisten vermögen. Ich sehe
keinen Konflikt zwischen Gott und Darwin. Meiner Ansicht nach
lassen sie sich sehr gut miteinander vereinbaren.

Es ist eine Sache – und meiner Meinung nach richtig – zu erkennen, dass Physik zu Chemie führt, diese zur Biochemie, diese zur
molekularen Biologie, diese zu Zellen, aus denen immer komplexere Lebensformen entstehen. Etwas anderes ist es anzunehmen, dass
diese Kette zur Entstehung von Bewusstsein führt. Bewusstsein ist
nichts Materielles wie Blut und Knochen. Bewusstsein ist etwas, von
dem jeder einzelne Mensch auf einer angeborenen und persönlichen
und vollkommen unzweifelhaften Ebene weiß, dass er es hat. Doch
erstaunlicherweise behaupten Wissenschaftler zum Beispiel unverblümt: „Bewusstsein ist eine Illusion, und wir existieren in keiner
sinnvollen Hinsicht." (Dennett, zitiert bei George Ellis)

Eine mechanistische Erklärung von Organismen und Körpern ist
in Ordnung, von Atomen zu Molekülen zu Zellen zu Organismen.
Doch wenn Reduktionismus richtig sein soll – wenn alle Kausalität
von unten nach oben verlaufen soll – müsste man glauben, dass der
Entschluss, Mozarts „Hochzeit des Figaro" oder ein Konzert der
Rolling Stones zu besuchen, bis auf die atomare Ebene zurückzu-
verfolgen ist.

Kann ein kluger Mensch an Gott glauben?

So lautet (übersetzt) der Titel eines provokativen Buches von Michael Guillen, theoretischer Physiker und ehemaliger Wissenschaftskorrespondent bei ABC News (neben zahlreichen anderen Referenzen, tatsächlich hat er einen Doktortitel in drei Disziplinen: Physik, Mathematik und Astronomie, alle von Cornell). Seine Antwort lautet selbstverständlich Ja, und ich gehe natürlich mit ihm einig.

Wir haben gesehen, dass inzwischen gut belegt ist, dass zahlreiche Eigenschaften unseres Universums zusammengenommen ein ganz besonderes Ensemble ergeben, das für die Entstehung und Weiterentwicklung von Leben förderlich ist. Rational kann man einer Intelligenz hinter dieser Tatsache nur entkommen, wenn man sich die Existenz einer riesigen Anzahl weiterer unsichtbarer Universen ausdenkt. Eine andere Rechtfertigung dafür gibt es nicht. Wenn Sie das glauben möchten, gerne, aber das macht es wirklich zu Ihrem Glauben. Denken Sie auch an *Occams Rasiermesser*: Die einfachste Erklärung ist wahrscheinlich die richtige. Eine Intelligenz gegen eine riesige Anzahl oder sogar unendlich viele andere Universen – die Gott-Erklärung kommt mir einfacher vor.

Möglicherweise ist die Ablehnung Gottes durch konventionelle Wissenschaftler übertrieben worden. Ein Artikel in *Nature*, den Guillen zitiert, zeigt, dass etwa vierzig Prozent der amerikanischen Physiker an einen persönlichen Gott glauben. Wie Guillen richtigerweise betont, gibt es dann bestimmt auch Wissenschaftler, die an einen unpersönlichen Gott glauben. Zwar liegt der Gesamtprozentsatz etwa bei der Hälfte dessen der Allgemeinbevölkerung, doch weit entfernt von einer völligen Ablehnung. Die lautstarken Atheisten, die sich um das Licht der Öffentlichkeit reißen, sind nicht repräsentativ für alle Naturwissenschaftler. Außerdem handeln sie keineswegs wissenschaftlich, weil sie einen eisernen Glauben an etwas verfechten, was nicht zu beweisen ist: Dass es keinen Gott gibt. Dies ist eindeutig eine Glaubensfrage.

Die Frage ist, an welche Art von Gott man glaubt – oder vielmehr, an welche Art von Gott man *nicht* glaubt. Mir kommt die Geschichte über einen Naturwissenschaftler in den Sinn, der in den 1970ern Irland besuchte und sich plötzlich einer Gruppe Menschen gegenübersah, die von ihm wissen wollten, ob er katholisch oder evangelisch sei. Froh, dass diese Frage schnell vom Tisch wäre, erwiderte er, er sei Atheist, woraufhin er gefragt wurde: „Gut und schön, Sir, aber sind Sie katholischer oder evangelischer Atheist?"

Was für ein Gott ist für einen rationalen Denker akzeptabel? Von Walt Whitman stammen die berühmten Worte:

Gott ist ein kleinlicher, streitsüchtiger Rüpel, der auf Rache gegenüber seinen Kindern sinnt, weil sie seinen unmöglichen Anforderungen nicht gerecht werden.

Dies ist ein schreckliches Bild eines Schöpfers. Ich kann ganz gewiss nichts Falsches daran finden, wenn Nicht-Gläubige nicht an die absurden Vorstellungen glauben, die man sich in längst vergangener Zeit von Gott gemacht hat – oder in einer Zeit, die längst vergangen sein sollte. Auch ich lehne folgende Götter ab:

- Jeden Gott, der hasst oder nachtragend ist.
- Jeden Gott, der sich an Grausamkeiten oder Gemetzel in seinem Namen erfreut.
- Jeden Gott, der kriecherische Unterwürfigkeit oder sklavische Anbetung von Sterblichen braucht. (Wahrhaft Großen muss man nicht ständig sagen, dass sie groß sind.)
- Jeden Gott, der eifersüchtig ist auf andere offenkundig alberne Götter, die der menschlichen Fantasie entspringen.
- Jeden Gott, der aus Materie besteht. (Wer hat dann die Materie erschaffen?)

- Jeden Gott, der in einem „Himmel", irgendwo „da oben" in unserem Universum, wohnt. (Wer oder was hat dann das Universum erschaffen?)

Klingt das pietätlos? So ist es auch gemeint. Ich glaube, dass ein echter Gott sich über Pietätlosigkeit freut. Vielleicht braucht die Welt ein Buch mit lauter Lieblingswitzen über Gott, nicht um über, sondern um mit Gott zu lachen.

Sinn und Zweck

Ganz zweifellos leistet die Naturwissenschaft bei der Erklärung der Funktionsweisen der Natur Großartiges. Doch ich behaupte nach wie vor, dass die menschliche Erfahrung sich wissenschaftlich nicht auf dieselbe Weise erfassen lässt. Kein wissenschaftliches Experiment kann Gut und Böse voneinander unterscheiden, noch kann es Schönheit erkennen. Über das Bild, das man durch die objektive Forschungsmethode der Naturwissenschaft gewinnt, schreibt Schrödinger:

Es liefert eine Menge faktischer Informationen, bringt all unsere Erfahrung in eine wundervoll systematische Ordnung, aber es hüllt sich in tödliches Schweigen über alles und jedes, was unserem Herzen wirklich nahesteht, was uns wirklich etwas bedeutet. Es sagt uns kein Wort über rot und blau, bitter und süß, körperlichen Schmerz oder körperliche Lust; es weiß nichts von schön und hässlich, gut oder schlecht, nichts von Gott und der Ewigkeit. Die Naturwissenschaft gibt gelegentlich vor, auf Fragen aus diesen Bereichen zu antworten, aber die Antworten sind oft so albern, dass wir sie nicht ernst nehmen mögen. (*Die Natur und die Griechen*, 1955)

Dem Reiz der Symmetrie (die Wissenschaftler lieben) erliegend, bin ich versucht zu schreiben: „Ganz zweifellos leistet andererseits die Religion Großartiges bei …“, aber diese Seite ist wesentlich undurchsichtiger. Aufseiten der Religion gibt es keine allgemein akzeptierten Gesetze und Theorien, mit denen Gott zu verstehen wäre, nichts, was den Gesetzen der Mechanik und des Elektromagnetismus oder der Allgemeinen Relativitätstheorie entspräche. Die institutionalisierten Religionen sind untereinander uneins. Manchmal hassen sie sich leider sogar.

Das Entscheidende ist nicht, die einzig wahre Religion aus der Schar der Scharlatane herauszufischen (obwohl manche eindeutig besser sind als andere). Entscheidend ist, dass wir unser eigenes Wesen verstehen. Denken Sie daran: „Du bist das.“ Ihr Wesenskern (Atman oder Seele oder der innere Christus) ist derselbe wie Gottes Wesenskern. Diese einfache Erkenntnis öffnet das Tor zu einer spirituellen Perspektive, die die Insignien und Dogmen organisierter Religion nicht braucht. Unser Ursprung und unsere Bestimmung sind sehr geradlinig. Wie bei einem Becher voll Meerwasser gibt es keinen Unterschied zwischen dem Inhalt des Bechers (uns) und dem Meer (Gott). Wenn diese Schöpfung an ihr Ende gelangt, wird das Wasser im Becher wieder zurück ins Meer gegossen. Einstweilen aber sind wir auf einer Reise des freien Willens und leben ein Abenteuer in der physischen Realität. Wir haben sogar die Freiheit, Destruktives zu tun, auch wenn das keine besonders gute Idee ist und letzten Endes durch die Wirkung des Karmas ausgeglichen werden muss, was sehr wahrscheinlich unangenehm wird. Außerdem gehört es irgendwie zum Schöpfungsplan, dass das Wasser im Becher durch die Erfahrung verändert wird, so dass dann, wenn es zurückgegossen wird, sogar das unendliche Bewusstsein, das Gott ist, bereichert wird durch unsere Erfahrung, die natürlich eigentlich stets seine Erfahrung war – verkleidet als wir.

Die Belege dafür liegen in den mystischen Erfahrungen der Menschheit, deren Erkenntnisse in der ewigen Philosophie festgehalten sind. Doch die Belege finden sich auch in unserem Bewusstsein. Wenn die Realität auf sinnvolle Weise erfahren werden soll, dann erfordert dies, dass wir bis zu einem gewissen Grad vergessen, was wir wirklich sind. Bei den meisten Menschen ist dieses Vergessen im jeweiligen Leben fast vollständig. Wenn dann noch die religiösen Fehldeutungen hinsichtlich dessen, was wir sind und was Gott ist, hinzukommen oder aber die simplifizierende Erklärung „du bist lediglich ein Haufen Neuronen", dann wird es sehr schwierig, Zugang zu der tiefsten Wahrheit in unserem Bewusstsein zu finden: „Du bist das."

Ich glaube, dass wir in einem sinngeleiteten Universum leben, in dem die Gesetze der Naturwissenschaft regieren. Es besteht keinerlei Konflikt zwischen einem Universum der Materie und der Kräfte und einem Universum mit Sinn und Zweck, denn Sinn und Zweck gingen in die Gesetze ein. Damit Gott sich selbst ermöglichen könnte, einen Teil seines Potenzials zu erleben, imaginierte er genau die richtigen Charakteristika ins Dasein, die ein Universum benötigt, damit Leben entstehen und sich dann zu komplexen Wesen wie Ihnen und mir entwickeln konnte. Sein Bewusstsein hat dies bewirkt, und an seinem Bewusstsein haben wir Anteil, es ist unser Wesenskern. Doch die Arena, in der dies alles stattfindet, wird vollständig von den Naturgesetzen regiert, einschließlich der darwinistischen Evolution.

Daher gibt es reichlich Gründe, an Einstein, Darwin und Gott zu glauben.

Die zehn ausschlaggebenden Eigenschaften des Universums

Verhältnis der Gravitations- zur elektrischen (Coulomb-) Kraft	Eine stärkere Gravitation würde zu kleineren Sternen mit kürzerer Lebenszeit und dicht bestückten Galaxien führen; eine schwächere zu weitaus weniger Sternen.
Stärke der Kernkraft, die Sternen ihre Energie verleiht	Eine Veränderung um zehn Prozent in jeder Richtung würde die Bildung von Sternen verhindern.
Durchschnittliche Materiedichte im Universum	Eine Abweichung um einen Teil in einer Million Milliarden unmittelbar nach dem Urknall könnte die Evolution des Universums verändern.
Verhältnis von normaler zu dunkler Materie	Kann nicht radikal anders sein, wenn sich Galaxien bilden sollen, hätte aber im Prinzip vollkommen anders sein können.
Nicht zu große Stärke der dunklen Energie	Nur wenig mehr hätte das Universum zu rasender Expansion getrieben.
Quantenverklumpung in den ersten Momenten nach dem Urknall	Faktor zehn in beiden Richtungen entscheidet über ein Universum der schwarzen Löcher oder ein nahezu leeres Universum.
Genau richtige Bedingungen für die Bildung von Kohlenstoff und Sauerstoff	Beide sind wesentlich für das Leben, doch wie Fred Hoyle entdeckt hat, führt eine glückliche Energieresonanz zur Bildung von Kohlenstoff in Sternen, bei Sauerstoff hingegen tritt zufälligerweise keine entsprechende Resonanz auf, sonst würde der Kohlenstoff zerstört.

Ungewöhnliche Eigenschaften von Wasser im Vergleich zu anderen Flüssigkeiten	Der Siedepunkt ist ungewöhnlich hoch, Wasser bleibt daher in einem für biologische Strukturen ausschlaggebenden Temperaturbereich flüssig. Ungewöhnlich auch die Eigenschaft geringerer Dichte im gefrorenen Zustand.
Tatsache, dass das Neutron geringfügig schwerer ist als das Proton	Wäre es anders herum, wäre das Proton nicht stabil, und es gäbe keine Atome.
Geringfügiges Übergewicht von Materie gegenüber Antimaterie	Warum gab es im Urknall pro dreißig Millionen Antimaterie-Teilchen dreißig Millionen und ein Materieteilchen? Bei einem vollkommenen Gleichgewicht hätte es keine stabile Materie gegeben.

LITERATURVERZEICHNIS

Benz, Arnold O.; *The Future of the Universe: Chance, Chaos, God?* Continuum Intl. Publ. Group 2002; dt. Original: *Die Zukunft des Universums : Zufall, Chaos, Gott?*, Patmos 2012 (Erstausgabe 1997).

Berg, Rav; *Nano: Technology of Mind over Matter*, Kabbalah Publishing 2008

Chown, Marcus; The *Quantum Zoo: A Tourist's Guide to the Never-Ending Universe*, Joseph Henry Press 2006
   The Never-Ending Days of Being Dead: Dispatches from the Front Line of Science, Faber and Faber 2007; dt.: *Das Universum und das ewige Leben: neue Antworten auf elementare Fragen*, aus dem Englischen von Friedrich Griese, dtv 2009

Dalai Lama, *The Universe in a Single Atom: The Convergence of Science and Spirituality*, Morgan Road Books 2005; dt.: *Die Welt in einem einzigen Atom: Meine Reise durch Wissenschaft und Buddhismus*, aus dem Englischen von Bernd Bender, Theseus 2005

Davies, Paul; *The Mind of God: The Scientific Basis for a Rational World*, Touchstone 1993

Dawkins, Richard; *The God Delusion*, Houghton Mifflin 2006; dt.: *Der Gotteswahn*; aus dem Englischen von Sebastian Vogel, Ullstein 2007

Eddington, Sir Arthur S.; *The Nature of the Physical World*, Folcroft Library Editions 1935; dt.: *Das Weltbild der Physik und ein Versuch seiner philosophischen Deutung*; aus dem Englischen übersetzt von Marie Freifrau Rausch von Traubenberg; neu durchgesehen von H. Diesselhorst, Vieweg 1931/1939
   Science and the Unseen World, The MacMillan Co. 1929; dt.: *Die Naturwissenschaft und die Welt des Unsichtbaren*, aus dem Englischen von Dr. Wilhelm Dennig, Quäkerverlag Berlin-Lübars 1930

Evans, David S.; *The Eddington Enigma*, Xlibris Corp. 1998

Gingerich, Owen; *God's Universe*, Harvard University Press 2006; dt.: *Gottes Universum: nachdenken über offene Fragen*, aus dem Amerikanischen von Wolfgang Rhiel, Berlin University Press 2008

Guillen, Michael; *Can a Smart Person Believe in God?*, Nelson Books 2004

Haisch, Bernard; *The God Theory: Universes, Zero-Point Fields and What's Behind It All*, Red Wheel/Weiser Books 2006; dt.: *Warum Gott nicht würfelt: Geist, Kosmos und Physik*, aus dem Englischen von Astrid Ogbeiwi, Crotona 2014

Harman, Willis; *Global Mind Change: The New Age Revolution in the Way We Think*, Warner Books 1988; dt.: *Bewusstsein im Wandel*, aus dem Englischen von Brigitte Schwitalla, Bauer Verlag 1989

Harris, Sam; *Letter to a Christian Nation*, Knopf 2006; dt.: *Brief an ein christliches Land: eine Abrechnung mit dem religiösen Fundamentalismus*, aus dem amerikanischen Englisch von Yvonne Badal, Bertelsmann 2008

Haught, John F.; *God After Darwin: A Theology of Evolution*, Westview Press 2000

Hawking, Stephen W.; *A Brief History of Time: From the Big Bang to Black Holes*, Bantam Books 1988; dt.: *Eine kurze Geschichte der Zeit: die Suche nach der Urkraft des Universums*, aus dem Englischen von Hainer Kober. Rowohlt 1988

Heisenberg, Werner; *Physics and Beyond: Encounters and Conversations*, Harper and Row 1971; dt.: *Schritte über Grenzen*, Piper 1971/1984
   Physik und Philosophie, Ullstein 1959

Hitchens, Christopher; *God is not Great: How Religion Poisons Everything*, Twelve 2007; dt.: *Der Herr ist kein Hirte: Wie Religion die Welt vergiftet*, aus dem Amerikanischen von Anne Emmert, Blessing 2007

Huxley, Aldous; *The Doors of Perception*, Harper and Bros. 1984; dt.: *Die Pforten der Wahrnehmung*, aus dem Englischen von Herbert E. Herlitschka, Piper 1954
   The Perennial Philosophy, Harper and Row 1944; dt.: *Die ewige Philosophie*, überarbeitete Fassung, aus dem Englischen von H. R. Conrad, Hans-Nietsch-Verlag 2008

Jeans, Sir James; *The Mysterious Universe*, Cambridge University Press 2009; dt.: *Der Weltenraum und seine Rätsel*, aus dem Englischen von Rudolf Nutt, DVA 1931

Maeterlinck, Maurice; *The Great Secret*, Citadel Press, Carol. Publ. Co. 1969

Matt, Daniel C.; *God and the Big Bang: Discovering Harmony Between Science and Spirituality*; Jewish Lights Publishing 1996. Der erste Teil dieses Buches erschien in deutscher Übersetzung als: *Der Urknall: der Geist hinter der Schöpfung*, aus dem Englischen von Astrid Ogbeiwi, Crotona 2015

Miller, Kenneth R.; *Finding Darwin's God: A Scientist's Search für Common Ground Between God and Evolution*, Cliff Street Books, Harper Collins 1999

Pfeiffer, T.; Mack, J. und Devereux, P.; *Mind Before Matter: Visions of a New Science of Consciousness*, O Books 2007

Polkinghorne, John; *Quantum Physics and Theology: An Unexpected Kinship*, Yale University Press 2007

Planck, Max; *The Universe in the Light of Modern Physics*, G. Allen and Unwin 1931; dt. Original: *Physikalische Gesetzlichkeit im Lichte neuerer Forschung,* Verlag von Johann Ambrosius Barth 1926

Prothero, Stephen; *Religious Literacy: What Every American Needs to Know – and Doesn't,* Harper 2007

Radin, Dean; *The Conscious Universe: The Scientific Truth of Psychic Phenomena*, Harper Edge 1997

Rees, Martin; Before the Beginning: Our Universe and Others, Perseus Books 1997; dt.: *Vor dem Anfang: eine Geschichte des Universums*, aus dem Englischen von Anita Ehlers, Fischer 1998
    Just Six Numbers: The Deep Forces That Shape the Universe, Basic Books 2000

Rosenblum, Bruce und Kuttner, Fred; *Quantum Enigma: Physics Encounters Consciousness*, Oxford University Press 2006

Russell, Peter; *From Science to God: A Phycisist's Journey into the Mystery of Consciousness*, New World Library 2002; dt.: *Quarks, Quanten und Satori: Wissenschaft und Mystik; zwei Erkenntniswege treffen sich*, aus dem Englischen von Barbara Diederichs, Kamphausen 2002

Sagan, Carl; *The Demon-Haunted World: Science as a Candle in the Dark*, Ballantine Books 1997; dt.: *Der Drache in meiner Garage oder die Kunst der Wissenschaft, Unsinn zu entlarven*, aus dem Amerikanischen von Michael Schmidt, Droemer Knaur 1997
    The Varieties of Scientific Experience: A Personal View of the Search for God, Penguin Press 2006

Scholem, Gershom; *Kabbalah*, Keter Publishing House 1974

Silk, Joseph; *The Big Bang*, W. H. Freeman and Co. 1980; dt.: *Der Urknall: die Geburt des Universums*, aus dem Englischen nach der 2., revidierten amerikanischen Auflage von Hilmar W. Duerbeck, Birkhäuser/Springer 1990

Smith, Huston; *The Religions of Man*, Harper and Row 1986; dt.: *Eine Wahrheit – viele Wege: die großen Religionen der Welt*, aus dem Englischen von Roland Irmer, Bauer 1993

Smolin, Lee; *The Trouble With Physics: The Rise of String Theory, the Fall of a Science, and What Comes Next*, Houghton Mifflin Co. 2006; dt.: *Die Zukunft der Physik: Probleme der Stringtheorie und wie es weitergeht*, aus dem Englischen von Hainer Kober, DVA 2009

Teilhard de Chardin, Pierre; *The Prayer of the Universe*, Harper Perennial 1958; dt.: *Lobgesang des Alls: Die Messe über die Welt. Christus in der Materie. Die geistige Potenz der Materie*, aus dem Französischen von Karl Schmitz-Moormann, Walter 1964
  Christianity and Evolution, Harcourt Brace and Co. 1969

Tolle, Eckhart; *A New Earth: Awakening to Your Life's Purpose*, Dutton 2005; dt.: *Eine neue Erde: Bewusstseinssprung anstelle von Selbstzerstörung*, aus dem Englischen von Erika Ifang, Goldmann 2005

Treiman, Sam; *The Odd Quantum*, Princeton University Press 1999

White, M.: *Isaac Newton: The Last Sorcerer*, Perseus Books 1998

Wilber, Ken (Hrsg.); *Quantum Questions: Mystical Writings of the World's Greatest Phycisists*, Shambala 2001

Woit, Peter; Not Even Wrong. The Failure of String Theory and the Search for Unity in Physical Law, Basic Books 2006

INDEX

ÜBER DEN AUTOR

Dr. Bernard Haisch ist Astrophysiker und Verfasser von über hundertdreißig wissenschaftlichen Publikationen. Zehn Jahre lang war er wissenschaftlicher Herausgeber des *Astrophysical Journal*; bei mehreren NASA-Forschungsprojekten war er der Projektleiter. Nach seiner Promotion an der University of Wisconsin in Madison forschte Haisch als Post-Doktorand am Joint Institute for Laboratory Astrophysics der University of Colorado in Boulder sowie an der Universität Utrecht in den Niederlanden.

Haisch war unter anderem wissenschaftlicher Mitarbeiter am Lockheed Martin Solar and Astrophysics Laboratory, stellvertretender Direktor des Center for Extreme Ultraviolet Astrophysics an der University of California in Berkeley sowie Gastwissenschaftler am Max-Planck-Institut für Extraterrestrische Physik in Garching. Er war außerdem Chefredakteur des *Journal of Scientific Exploration*. Vor Beginn seiner wissenschaftlichen Laufbahn besuchte Haisch die Latin School of Indianapolis und das St. Meinrad Seminar als katholischer Priesterkandidat.

Sein erstes Buch, *Warum Gott nicht würfelt*, erhielt ausgezeichnete Kritiken. Haisch ist verheiratet und hat drei Kinder. Mit seiner Frau Marsha Sims lebt er in der San Francisco Bay Area.